完美的番紅花

昆布閱讀筆記

昆布 著

獻給我的父母，神是我的避難所。

代序　從移動到疊聚
——閱讀與書房的變遷

　　2005年10月間，我們搬進了一棟移動房屋，架設了全新的書房。我們並非要恆久住在那裏，但也沒預期會移動得如此迅速。我的確感到舒暢，因為那個明亮開闊的空間，不只提供我們棲身之處，也使書籍找到穩當的居所。我第一次擁有自己的居所，雖然知道我們只是暫時寄居。書房既稱移動，就表示書房的概念是靈活的。但書本作為書房主要的居民，移動起來並非那麼美妙方便，尤其我們的書籍數量驚人，書籍又無比沉重。

　　我得承認至今仍不習慣閱讀電子書。雖然電子書的方便無懈可擊，也可解決許多書本移動的問題，但是書房若只有電子書，那還能叫做書房嗎？我也相信電子閱讀無論怎麼進步，許多人包括我在內，都不會放棄傳統閱讀的習慣，仍愛好紙本書籍的質感。我的收藏還是會以紙本為主。那些翻閱書頁的喜悅，書寫、註記、評斷的思索，以書籤標示閱讀的進度，目睹書本因我們的觸摸翻頁，汗水浸潤，逐漸老舊變形的歷程，都是閱讀必經的軌跡，這都是電子書無法取代的經驗。我不會欣賞書本永保常新的狀態，那就像注射肉毒桿菌一樣不自然。

　　最近有篇紐約時報的報導，關注的就是這個問題。電子閱讀的時代，讓某些習慣受到威脅、挑戰，投下不少未知的變

數。記者提到一個問題，就是往日許多讀者（部分是名人）有在書上記錄的習慣，這類邊註五花八門，既是閱讀的意見，也有與作者的辯論，甚至還有讀者的想像。而在電子閱讀的時代如何註記，是個讓人傷腦筋的問題。這不只牽涉如何保存的問題，就算記錄可以存留，記錄者的風格何在？人的記錄只剩一堆電子記號，筆跡呈現的風格也無從辨認。有些專門收藏手稿的機構，對此也就特別關心，因為這其中既牽涉收藏價值，也涉及了商業利益。有些書也許沒什麼價值，但書上因有重要文人的書寫，有他們創作的痕跡，那可就是另外一回事了，就可能鹹魚翻身。但對大體的普通讀者而言，在閱讀的書留下紀錄，是我們消化書本文字與概念的旅程，是寶貴的記憶，然而在電子書上留下類似的痕跡，不易產生珍貴的風格與創意的紀錄。也許將來這類問題可以克服？或者電子化的讀者根本不在意？

　　2007年2月，就在冬天尚未結束之前，因為工作需要我必須經常旅行移動，從那時起，移動書房就不再是個抽象概念，而成了我閱讀的常態，我經常在交通工具上，在旅行轉換間各種轉運的空間閱讀。我為自己架設了一個虛擬的動態書房，但真正的移動書房卻是行進中的閱讀。書房的移動是因為閱讀之人移動，也是因為書的內容隨著讀者，而產生了另種動態。從那時起，我就和我固定的移動書房保持了若即若離的關係。移動書房其實已經成了堆疊書籍的地方，每次我從外地回來，就把新買的書或讀完或未完成的書歸入書架。一段時間過後，又再度出發，我在書房停留的時間越來越少，越來越短。

　　直到一年半前正式移民加拿大，我仍未放棄移動房屋，仍希望在陽光充足的南方繼續保留一個巢穴，保留移動書房的

形象與概念，我只帶了少部分的書籍遷移。然而，我美好的計畫無法如願，去年我們必須終結移動房屋，把全部書籍移往北方。我的妻子完成了這個艱鉅的任務，書房真的移動了，我短命的移動書房也畫下句點。雖不算完美，卻可以接受。如果移動書房不移動，豈不失去了真正的意義？

去年六月隨著我全家的遷移，我們搬入了一個類似透天厝的建築，北美稱之為townhouse。我從一個平整寬闊的屋舍，搬進一個充滿樓梯的樓房。外面看是三層，但事實卻是六層。也就是說樓層被分割成很多小塊。不若以往的mobile home完整寬闊的空間，townhouse是個切割複雜的屋舍。因此書籍無法在同一個空間展示，必須分別置放在各種不同的大小的地方。是壞處，也有好處。我必須把書籍分別置放於各個小間，充滿整座樓房，從地下室一直到頂樓，包括食物櫃及臥室。心血來潮時找不到書是必然的事，所以我必須把最常讀的書放在最靠近的地方。我將之稱為「疊聚書樓」，我想它當之無愧。因為我把書充滿了各個樓層，讓書堆疊成塔。

樓房的窗戶或高或低，讓光線能自由照射，給我瞭望的角度，注視行人與鳥蹤，也目睹枝條季節的轉換。雨雪零落飄散，都盡入眼底，作為閱讀疲憊的切換。樓梯也有功能，那是抵抗單調、無法專注的另種調劑。只是忙碌讓我閱讀的時間變得零碎，讓我專注的情況縮短，書寫的狀況顯得遲緩笨重。樓層提供了不同視角，提升某種高度。偶而我也體會，「欲窮千里目，更上一層樓」。也許有一天，書頁與文字會因數據化，而減少移動之苦與疊聚之擾。但我知道書房還不到靜止的時刻，移動還會繼續，書籍仍須疊聚。我還會保持移動的姿態。

2006年遠流出版的《移動書房》曾經標示了一個界碑，如今也算是個告別。如今我來到新國度，搬進新書房，對閱讀也有某種新體認。我注意網上有諸多討論，比較兩種書籍的優劣。有人認為因為節能減碳的大勢，所以電子書因應潮流。甚至引用Walter Benjamin的著作，說明長篇小說流行，是因為長途旅行的需要，於是十九、二十世紀間小說的創作與閱讀蔚為風潮。我相信閱讀的習性正因周遭急速衝擊，正在劇烈變換，雙軌並行的閱讀也逐漸滲入我的生活。但對我們這些尋書、藏書、大量買書者，喜在書上塗抹書寫畫線紀錄者，習慣傳統閱讀的讀者，在我們閱讀的生涯，電子書不會全然取代紙本，至少在我移動與疊聚的書房中，它不會成為主體。

CONTENTS

知識份子的解放
——重讀胡適與魯迅

做學問要於不疑處有疑，待人要於有疑處不疑。

——胡適

　　八月份我經過綺色佳，身上帶著一本錢理群先生的著作：
《我的回顧與反思》，發現錢先生的父親竟然就是胡適的校
友，而且專業就是農業。（百度百科上的紀錄：1913年，以庚
子賠款資送美國康乃爾大學農學院就讀，五年後獲農學碩士學
位）。只是錢先生在書中的記錄並不準確，說他父親是1906或
1908年去美國留學。日後於1919年回國（比胡適晚了兩年），
他的父親還成為國民黨重要的官員，在抗戰期間擔任農業部的
常務司長。他的家庭成員因政治立場分歧而分為兩半，雖然日
後他們都有各自的成就與貢獻，但同時也成了近代中國悲劇的
體現。

　　2005年間我第一次在瀋陽的機場發現了錢先生的著作《周
作人傳》，當時我就很喜歡錢先生客觀公允而相對體諒的立
論。這次我發現的是他對理想的執著，對教學的熱情洋溢於書
頁之間，還有他對魯迅推崇所夾帶的奮戰精神。有幾次我想這
種言論怎能見容於當局，必然為他招來禍患。或許因他是北大
知名的教授，待遇和其他人相比終究有些不同。但是在閱讀間

我總是發現錢先生對魯迅的服膺與引用，幾乎沒有一次是負面的，這和我對魯迅的印象有相當出入。當然我對魯迅理解不足，這是確定的。但讀錢引述魯迅觀點時的狀態，引起我以往未曾有過的興趣。把胡魯二人放在一起閱讀，看看這兩位二十世紀最重要的知識分子，到底有何差別，能顯示何種意義。

一搜尋才發現，中國大陸從改革開放以來，言論逐漸放開之後，對這兩個人物從新審視、評估、研究的嘗試，成績已經相當驚人。天平已產生了比較健康的傾斜。我越讀越覺這是個無底深淵，因為這兩個人物牽涉的層面太廣，涉及的人物也太多，他們就像星座一樣，周圍有許多圍拱的各類行星，他們都有不同層面的回憶、評價與認識，研究他們二人的專著多讓人眼花撩亂，光在網上找到的書籍、史料已多過我的預期，我又參考了不少多大東亞圖書館的收藏。我只能稍有涉獵，讀出點個人體會。

我總體的發現就是中國大陸的學者對胡適的評價與重估，已漸趨持平、客觀，正面肯定者甚多，至少已經是大體平反。即使有批評的，也說得有點根據，不再是那些口號連篇的教條與套話。一般來說除了意識型態逐漸淡化之外，也有一些持自由主義觀點或傾向自由思想的學者，對胡適的讚譽、肯定遠超過魯迅。同時也從魯迅文本與傳記資料仔細耙梳，根據事實的呈現，提出或多或少，深淺不一對魯迅的批判，貶抑他作品與人格中透露的尖刻與狹窄，論述魯迅缺乏寬容精神的例證。同時，也有另一種比較貼近人性的呈現與闡釋，是從他的家族來的觀點；還有一部分來自認識他的友人撰寫的傳記與回憶。其中一部深受肯定的，在上世紀五十年代即已出版，但到了1999

年才在中國出版，就是曹聚仁所撰的《魯迅評傳》，我讀到的
這本是2006年由復旦大學出版社出版的。不少論者認為這本傳
記雖經過幾十年，但和當時代臺海兩岸兩極化的評價相比，是
比較中肯的立論，也是因為他和當時中國把魯迅當神的論述不
同，所以這本評傳才遲遲無法在中國出版。

　　長年以來中國政治掛帥之下，魯迅顯得嚴肅而沈重，那
種「橫眉冷對千夫指」的形象被放大，透過溫情的呈現，讓
魯迅比較能讓人接受。政治意識型態扭曲了他們二人多年的形
象，藉近年多方的研究與比較，至少在中國大陸能有較為客觀
的評量。

　　其中我讀到觀點最鮮明，分析最著力的就是邵建先生的
《二十世紀的兩個知識份子──胡適與魯迅》，書中邵先生以
三章相當的篇幅來論述這兩位人物身上最鮮明的特色：關於
tolerance的問題。邵建舉證甚多，從言論（尤其是那些文化
論戰）至待人、交往、對政治的態度等等，說明胡適如何是寬
容美德的代表人物，而魯迅卻是反面例證，有一段話我覺得說
得很準確，點出這兩個人精神氣質的差異：「誠然，度量與寬
容有關，但寬容卻絕不僅是度量。或者說，僅是度量則無法度
量出寬容那豐富深厚的文化內涵。因為，寬容在這裡，不是別
的，而是一種理念，價值理念，……『胡文化』便是一種以寬
容理念為價值取向的自由主義文化，『魯文化』則相反，它是
公開拒絕寬容並帶有獨斷性的刀筆文化。」魯迅臨終前的一句
名言「一個都不寬恕」[1]，正可說明他在人格上缺乏寬容的素

---

[1]　魯迅重病時擬定的七條遺囑，其中第七條是：「損著別人的牙眼，卻反對報
　　復，主張寬容的人，萬勿和他接近。」魯迅補充道，「歐洲人臨死時，往往有

質，這點也普遍呈現在他晚年雜文中。閱讀那些篇章，我仍感到他酸澀貶損的刀刃，對論敵的仇恨即使多年也不願遺忘，不肯赦免。

　　按理說胡適的某些觀點與說法已經過時了，但在現今的中國仍然意義非凡，因為經過了幾十年的封閉與鬥爭之後，經濟改革雖然上路了，國勢也強大了。但胡適倡導的觀念在中國仍是稀有的價值，尚未在這個國土上落實。寬容的價值不只適用於個人，更適用於政治。沒有相對寬容的政權，民主自由的理念根本無法存在。羅爾綱先生在其回憶的著作中《師門五年記及胡適瑣記》，提到一件他在中國公學目睹的事，證實胡適對寬容不僅是種空洞言論，而類似這樣的例子從這些年關於胡適的回憶可舉出許多。一位左派的學生為了一個事件批評了胡適，措詞強烈，學校當局要把學生的壁報撕去，但胡適不准，「說他提倡言論自由，就要以身作則。」最近劉曉波得了諾貝爾和平獎，這事冒犯了中共當局。然而一個說真話、對自己言論負責的讀書人，真能撼動這個政權的穩定，威脅國家的安全？正因為中國仍未有真實的言論自由，仍缺乏寬容的政治，才讓劉先生的言論顯出意義，也才讓胡適的思想價值更加凸顯。

　　針對以往一面倒的官方魯迅論，不少論者提出各類平衡的立論，這也是邵建在書中反覆申論引證的觀點，他們認為如此才能給予魯迅正確的歷史定位，還他公道。我舉幾個例子：「過去因為尊崇魯迅，以為魯迅從來都是正確的，把跟他有過爭論或對

　　一種儀式，是請別人寬恕，自己也寬恕了別人。我的怨敵可謂多矣，倘有新式的人問起我來，怎麼回答呢？我想了一想，決定的是：讓他們怨恨去，我也一個都不寬恕。」

立的人，全貶為落後或反動，這樣做太對不起歷史了，也太對不起那些曾對中國社會的進步做出過貢獻的人了。還魯迅一個公道，也是還歷史一個公道，還歷史上許多人物一個公道。」[2]

有位論者的說法，批判的觀點很誠實、直接，我也深覺有理，也是許多歌頌魯迅深刻、偉大的人普遍的盲點，或說他們不願面對的事實。他說：「長期以來，人們對魯迅給二十世紀中國思想、文化帶來的可能傷害避而不談，對他身上的缺陷、弱點視而不見，對他的失敗人生更是三緘其口，除了表彰、發明他的功績和貢獻以及偉大的成功（這當然正確，我也舉雙手同意），更有甚者，對魯迅的弱點、缺陷以及他帶來的可能性傷害採取了美化方式，直到把他處理成聖人。這不僅構成了對大多數人的傷害，其實也是對魯迅本人的傷害。」[3]

敬文東先生自己現身說法，提到魯迅的著作不只讓他受益，也使他受害。尤其是他在灰暗挫敗的經驗中，魯迅的著作成了他的滋養，他甚至說：「他如果不是我的救命恩人，起碼也是我的指路明燈。」但是，同時魯迅文字也在他身上顯出其他陰暗負面的影響：「我越來越沮喪地發現，我身上的偏執，狹隘也的確部分地來源於他的文字。」作者更進一步說明為何這個現象的由來，他說：「回頭想起來，這基於一個非常簡單的事實：我們從小學到中學的語文課本編選的魯迅文章大多是被比喻為投槍、匕首的論戰雜文。我們從魯迅那裡學得最多的——說起來很好笑——就是罵人的諷刺的藝術。」於是，許許多多的小魯迅，就在耳濡目染下逐一誕生了。

[2]　出自韓石山著《少不讀魯迅　老不讀胡適》。
[3]　出自敬文東著《失敗的偶像：重讀魯迅》。

邵先生也提出類似的說法與經驗。1930年代魯迅和不同陣營的文人打筆仗，經常使用妖魔化語言，諸如：「劊子手」、「皂隸」、「奴才」、「乏走狗」等等。而左翼文人也用毒辣的詞彙扣魯迅帽子「法西斯蒂」（Facist）、「封建餘孽」。這些罵語對邵先生都顯得熟悉，他說：「原來文革時，年齡雖小，但目之所充、耳之所灌，全是這些。不是有人要給文革語言溯源嗎？我看，只要順著二十世紀左翼之藤往前摸，就會發現，越左罵得越厲害，越是大師罵得越精彩。中國二十世紀的知識份子語言就是被以罵為務的左翼文人搞壞的，且流行深遠。」魯迅如同匕首的雜文，給後世的人提供、累積了不少諷刺罵人的資源，是個不爭的事實。大家不妨在網上輸入幾條魯迅罵人的名句，仍可找到各處共鳴的言論，甚至刻薄的罵街。

　　也有論者提出一類觀點，認為胡魯二人正是互補的典型，他們的精神產業都是不可缺少的：「高遠東先生將魯迅的精神比做藥，把胡適思想看成飯，正是很好的注釋。在魯迅消失的地方，胡適便凸現出他的意義。但悲哀的是在我們這個國度，魯迅的話題竟是永恆的，一個病態的民族，胡適的自由之夢，常常沒有魯迅式的絕望之聲，更具有廣泛性。」[4]。我同意作者對他們二位的評斷，只是令人不解的是，中國的政治與思想領域吃魯迅這帖藥幾十年了，怎不見好轉？吃藥成了常態，對正常的飯卻一直胃口不佳，而且這藥到底是良藥還是毒藥，恐怕還值得探究。這實在是令人悲哀的現象。

4　出自孫郁《魯迅與胡適的兩種選擇》。

　　其中有些研究的專著，就是把魯迅和各類文人論戰的言論整理成冊，藉此可理解雙方你來我往的交鋒，說理立論的觀點，其他文化論戰中我們也見過類似書籍，這也是讓讀者與學者重新認識魯迅的機會。以往我對論戰從不感興趣，但近年來觀看台灣政治的紛擾，讓我比較有耐性聽聽別人到底吵些什麼。讓魯迅言論公諸於世，給論敵們相同的篇幅與地位，讓他們無論是公正的、客觀的、偏頗的、直言的、繞道的、罵街的、扣帽的、隱晦的、意氣用事的、毒辣的種種言詞通通赤裸地呈現給讀者，讓後世人公斷。讓人知道他們到底要表達什麼，知道他們各自的立場。但有些專著卻於論戰文章前給讀者提供導讀與引介，其立場就是要證實魯迅的偉大與深刻，他如何攻無不克、戰無不勝。讀來難免讓人感到時空錯亂，那種強辭奪理、畫蛇添足、指鹿為馬的錯置，令人感到厭惡。

　　有一類評論在我看是最荒誕，最無理的辯解，時代變了，但他們對魯迅的維護仍舊沒變，言談中就像不知理性為何物的黨棍。連溫和的評價，輕描淡寫的說法，像夏志清、董橋等，他們也毫不客氣對之貶損、諷刺。因為在夏董等人筆下，魯迅的偉大、深刻遭到質疑。對嚴厲批評者，或和魯迅打過筆仗的，他們反擊的言詞就像政黨惡鬥一樣，貼標籤、戴帽子，進行攻擊，頗有魯迅真傳。連曹聚仁的《魯迅評傳》替魯迅論敵說兩句真話的評價，也成了他們批評的對象。這類言論有種古怪心態，認為魯迅受盡污衊，飽受褻瀆，所以凡筆下對魯迅不敬者皆是偏見，皆有問題。他們不覺魯迅污衊他人有何不妥，反倒認為他對論敵的攻擊、扣帽大體正確，甚至顯出偉大的情境。

例如這一則：「我們讀魯迅的論戰文章，常常發現，面對對手洋洋灑灑的宏文偉論，魯迅僅還以匕首的短文，三言兩語便擊中要害，致使對手再也無招架還手之餘地。……例如在『莊子與文選』論爭中將施蟄存稱為『洋場惡少』，……稱周揚為『奴隸總管』，就具體的人與事而言，確有過苛之病，但如果排除個別性與特殊性，跳出具體的人事關係，作為一種社會典型，卻又是極其深刻的。」這種硬拗功夫和台灣政壇上流傳的語言頗有異曲同工之狀。

　　這位作者又接著說：「魯迅罵人文章的偉大意義，表現在他『實罵』部分包含有『虛罵』的成份，魯迅是具體的，但他不像一般平庸的雜文家那樣，拘泥於具體。他昇華了，超越了，抽象了，成了哲學意義上的『一般』。」按此邏輯，別人批評責罵魯迅層次很低，但魯迅罵人不只高超，還成為藝術。那些不堪的罵文在他們筆下出神入化，成了偉大的東西。除了說他們酸澀狹隘、強辭奪理，我實在沒有更準確的形容。5

　　魯迅傳記的出版也是重估魯迅的熱門途徑，林賢志先生所著的《人間魯迅》引發了不少討論。謝泳先生所編寫的《胡適還是魯迅》將部分的討論放在書中。謝先生對書中的觀點提出了一些追問，我覺得值得後世的讀者思考。他強調他喜歡這本書，但同時對作者筆下陳述的魯迅也感到困惑：「魯迅的悲劇不在生前，而在死後。……魯迅是最不願意和官員打交道的，不像胡適那樣，還想過去做政府的諍友……然而奇怪的是魯迅一直得到官方的首肯，而胡適卻從來都是被罵的。為什麼新時

5　　出自房向東著《魯迅與他的論敵》。

代願意用一貫反帝制的魯迅來做為自己的旗幟⋯⋯文革中魯迅語錄也很流行，但人們可以反過來想一想，他們為什麼要利用魯迅？」

　　許多理論、學說都會被利用，即使最高貴的東西，只要使用不當，或應用的人心思彎曲，結果都可能造成相反的效果。尤其人認為只要目的正確，可以不擇手段的心態，更容易走入極端，歷史上這種例子不勝枚舉。前述的問題是對統治者的疑問，接下來謝先生質疑的是閱讀、接受魯迅的人：「文革時期魯迅的書是他同時代的作家中唯一沒有被禁的，也就是說我們生在新社會長在紅旗下的人，是讀魯迅的書長大的，可為什麼在中國最黑暗的年代裡，那些讀過魯迅書的紅衛兵戰士連最起碼的人道主義都不懂，學生打死老師的事兒幾乎天天都在發生，這一切是從何而來呢？」

　　當然，謝泳先生並非把紅衛兵殺人的責任推到魯迅身上，但這樣的質疑卻很正常。是的，在最狂暴的年代，有些人藉著閱讀魯迅得到啟蒙的力量，就像錢理群先生這類型的知識分子。文革中除了毛最強悍的聲音，還有魯的語錄與全集，青年人會從這二人得到什麼啟發與感染？這恐怕需要許多深層的探索。然而，卻有人反駁紅衛兵根本沒讀懂魯迅，甚至還能提出如此冠冕堂皇的言論：「我相信，毛澤東甘當魯迅的學生，並非沾沾於用，應當是魯迅精神人格的偉大力量，征服了這位蓋世英雄。由敬而頌，因頌生用。」（〈也談魯迅被專制利用問題——為謝泳先生解惑兼與林賢治先生商榷〉）。毛澤東當然肯定、喜愛魯迅，這應不成問題，但說魯迅精神的偉大力量感動了毛，讓他由敬而頌，因頌生用，那就幾近超現實了。毛如

何運用魯迅的精神呢？恐怕不是魯的同情與人道，可能是他的偏執、多疑、刻薄──帶著陰暗的毀滅。

　　我覺得如果今天要理解魯迅，最直接的方式還是讀他的本文。或者讀讀他與別人論戰的部分，看看他和別人對峙的態度與言論。或者可以把他和胡適放在一起讀，我覺得可以受到諸多方面的啟發。每個人都有不同領會與評價，對胡適可能會比較一致，反差不會過於劇烈。但魯迅就難說了，因為他的爭議高。我喜愛胡適的名言：「做學問要於不疑處有疑，待人要於有疑處不疑。」懷疑精神用在學術上，而不是用在與人相處上，總是比較健康的態度。胡適在晚年的時候曾經這麼說：「有些人真聰明，可惜把聰明運用得不得當，他們能夠記得二三十年前朋友談天的一句話，或是某人罵某人的一句話。……人家罵我的話，我統統都記不起來了，並且要把它忘記得更快更好！」[6] 所以他雖然在學術上打過筆仗，卻沒有真正的敵人。胡適為人的坦誠與寬容，豈不是今天經過了幾十年鬥爭猜忌的中國大地，更鮮明的需要？不也是台灣這幾年來惡鬥頻頻的提醒？

　　再提一個例證，我認為魯迅會被政治利用，固然是當政者按其需要來扭曲，顯示當時政治的病態與偏頗，但若非他的為人與文章有可利用的資源，想錯用他的人或團體也不能輕易得手。正如胡適先生提倡的精神與著作，不只當日的共產黨攻擊、貶損，當年的國民黨也是當作反動言論來定罪的，別說用來為他們的統治化妝。讓我先引用一段諷刺的打油詩：

---

[6] 　出自胡頌平編《胡適之先生晚年談話錄》。

文化班頭博士銜，人權拋卻說王權，

朝廷自古多屠戮，此理今憑實驗傳。

人權王道兩翻新，為感君恩奏聖明，

虐政何妨援律例，殺人如草不聞聲。

先生熟讀聖賢書，君子由來道不孤，

千古同心有孟子，也教肉食遠庖廚。

能言鸚鵡毒於蛇，滴水微功漫自誇，

好向侯門賣廉恥，五千一擲未為奢。

　　這幾行句子出自《王道詩話》，等於是這篇文章的結論。文章本身不長，但其基本的目的，就是批評《人權論集》，並順道攻擊胡適與他倡導的學說，可說是篇酸氣十足的政治評論。但有幾句話對於不明就裡的讀者，會造成嚴重誤導，在我來看是很不負責任的攻擊。《王道詩話》用寥寥幾句：「鸚鵡會救火，人權可以粉飾一下反動的統治。這是不會沒有報酬的。胡博士到長沙去演講一次，何將軍就送了五千元程儀。價錢不算小，這『叫做』實驗主義。」

　　朱正先生所編寫的《重讀魯迅》也討論了這篇文章，他指出：「《王道詩話》的寫法頗為別緻。它批評《人權論集》，卻並不向讀者介紹這本書的內容和傾向。比如書中有些什麼文章，有些什麼論點，都一字不提，只用『人權可以粉飾一下反動政治』這一句話作為全書的評語。」至於五千元路費一事，朱正引用當年胡適日記的細節，把演講過程及和何鍵贈送的禮物說得明白，並無五千元的事。也就是說文中的敘述，根本是加了油醋的故事，並且還將杜威的學說貶損了一下。這就像我

們今天看見的政治抹黑，以類似真話來撒謊，謊言之後還補上一腳。

新月派文人於1929年對當時執政的國民黨，以人權為出發點寫了好幾篇政治評論，之後匯集成《人權論集》。這本集子主要由胡適、羅隆基、梁實秋三人執筆，這些文章有什麼作用，產生了何等影響，邵建先生在他的書中有詳細的論述，讀者可以看見邵建先生對此時期的胡適甚為肯定。我也看到李敖在電視評論中對於胡此一時期的肯定，並以此批判魯迅的不足。根據論者的考證，我們知道這篇文章並非魯迅執筆，真正的作者是瞿秋白。但這篇文章卻被收入魯迅的《偽自由書》。為何魯迅會如此做？可能需要專家考證，然而若魯迅不贊成瞿的觀點，他就不會如此做。我越仔細讀，越覺得反感。不同意胡的觀點，當然沒問題，你可以提出真正的批判，但話既不明，又含混其詞，甚至沒有求證，就遽下結論：「能言鸚鵡毒於蛇，滴水微功漫自誇，好向侯門賣廉恥，五千一擲未為奢。」我得說這是一種非常惡劣的示範。

作為一個作家，一個藝術創作者，無論文體如何，表現的媒介如何，呈現何種風格，以哪種途徑表述，那都是他們個人的自由，只要他們身處的環境許可，我們無法也不該苛求他的文體與為人。要放浪形骸，或謹小慎微，都是他們個人的事。那些身處封閉獨裁環境的作家，必須具備更大勇氣，更高明的方式創作，否則別說他們失去創作的自由，甚至連生命都難以自保。

當年胡和魯以文字批判、對抗獨裁的國民黨，他們不只是一般的作家或學者發言，他們更是我們今天常說的「公共知識分子」。有這樣的身分，他們的言論和生活方式、為人風格，

就不免受到各方的檢視。因為他們以公眾人物，或以一種理想姿態，以一種清醒公義的聲音，出現在眾人面前，提出他們的公正，擲地有聲的意見。同時，你如何批評別人、政體、各類公共政策，你就得預期別人，或敵對的團體對你施予同樣的批評與反擊。你如果平時口下不留情，抨擊他人不留餘地，就別指望別人同情你。那不是魯迅被褻瀆、被圍勦，也非被誤解，而是很正常的現象。況且，主動攻擊的經常是魯迅。所以別人對他的惡聲、苛評，有不少因素是他自己造成的，怪不得別人。

胡魯二人一直是影響深遠的知識份子，否則來到新世紀，這個話題也不會至今仍然爭論不休。這幾十年來，經過各方的仔細觀察與閱讀，他們言行被人重新檢視、重估，是一件必然的事。那些護衛魯迅的研究者荒誕之處，似乎顯示他們還停在文革年代，還把魯迅當成崇高、偉大、深沉的偶像，我套用一位論者的說法：「似乎如果不是他們的保衛，魯迅就不偉大而會塌台似的。」他又說：「人人都說魯迅偉大而且沒有任何異議的時代，恰恰是最不正常的『文革』時代。」[7] 雖然這位作者也多方肯定魯迅的偉大，但我的體會就是今天來讀魯迅，最好少點，甚至避開那些崇高偉大的頌詞，我們才會有比較客觀準確的領悟。

有個現象我認為也是民間重估魯迅的一個演變，就是近年中小學教科書刪除了一些魯迅的文章[8]，而代以其他的文章，

7　高旭東著《走向二十一世紀的魯迅》。

8　教科書上除去的魯迅文章：〈孔雀東南飛〉、〈藥〉、〈阿Q正傳〉、〈紀念劉和珍君〉、〈雷雨〉、〈南州六月荔枝丹〉、〈陳煥生進城〉、〈促織〉、〈廉頗藺相如列傳〉、〈觸龍說趙太后〉、〈六國論〉、〈過秦論〉、〈病梅館記〉、〈石鐘山記〉、〈五人墓碑記〉、〈伶官傳序〉、〈項脊軒志〉、

尤其是梁實秋的文章被收入教科書，引起了中國社會多方討論，反對聲浪固多，但肯定、驚喜者不少。有一個老師還在網上發表評論說：「梁實秋文章首次入選語文教材，意味著社會理性的勃發，反映的是教育理念的日漸透明和開放。」[9]事件的確有某種宣示的意義。因為早期的中國學生都在教科書上讀過魯迅那篇攻擊性十足的論戰文章：〈「喪家的」「資本家的乏走狗」〉，走狗的形象隨著梁實秋先生多年。如今隨著梁先生的著作在中國逐漸普及，他階級敵人的形象也在逐漸轉變中。

多次我不解為何錢理群先生會如此肯定、推崇魯的精神與著作，難道他不覺得魯迅身上的弱點？也許，我的領會是魯迅是他和許多經過文革的知青最重要的精神營養，一面說魯迅仍是當代中國的需要。一個相對獨裁，缺乏真正言論自由的社會，魯迅的思想與筆力仍是他們戰鬥的利器。我同意傅國湧先生的說法：「什麼時候我們能輕鬆地忘掉魯迅，我們才可以說魯迅的時代終於過去了，我們贏得了自身的解放，一個充分享有思想言論自由的新時代開始了。」但願這一天早點來臨。

〈背影〉、〈狼牙山五壯士〉、〈魯提轄拳打鎮關西〉、〈朱德的扁擔〉、〈牛郎織女〉。

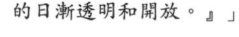

9　去年八月間在《遼寧日報》的一篇報導：「人教版語文教材選用梁實秋的〈記梁任公先生的一次演講〉，被許多人以驚喜來形容。儘管他們並不知道這一驚喜早在五年前就已經發生了。而令他們感到興奮的原因是，梁實秋名字的出現，可以被視為語文教材改革的一次突破性信號，語文教材的選用視野更寬闊了，意識更開放了，更多具有語言性、文學性的作品將會入選正統教材，學生們可以接觸到更多樣更高水準的文本。對此，有普通教師在網上發表感想說：『梁實秋文章首次入選語文教材，意味著社會理性的勃發，反映的是教育理念的日漸透明和開放。』」

光環之外的革命
──讀威爾森《到芬蘭車站》

> 首都大城嘈切喧鬧
>
> 先知暴喝如雷
>
> 論戰兀自洶湧
>
> 而，在深層，在俄國心中
>
> 一片沉寂，是太古的平靜

這首詩是一位俄國詩人描寫革命挫敗的心境，說出十九世紀許多俄羅斯理想的革命份子，還有那些採取恐怖手段的激進份子，對革命失敗產生的挫折與虛無。不能否認，革命在某些方面體現了浪漫精神，那些拋頭灑血，置個人利益不顧，為人民的福祉奮鬥不懈，為施行理想的精神與藍圖，激昂亢奮、粉身碎骨。我們不必親臨現場，光憑想像就令人感動不已。但是革命不光由浪漫的光環構成，也不只是人類理想的體現，它所牽涉的也有極端黑暗的層面。我們今天隔著時空，透過不少人研究的觀察與結果，比較能有理性清晰的領會。

I.

十九世紀的歐洲有兩個巨大的浪潮，一個是社會主義運動，另一個是民族主義運動。社會主義的領袖預言，那場迫在

眉睫的革命會在資產階級與無產階級嚴屬對峙的時刻爆發，馬、恩二人在世的時候，也一直期盼這個革命發生。但是他們在世的時候，並沒有成功（就像巴黎公社）。反而是民族主義運動先聲奪人，逐漸擴大，在有些歐洲國家成長為帝國主義。研究革命歷史的人都重視1848年，因為當年整個歐洲都受革命波及，共產主義宣言也是在那一年發佈，雖然各國革命的性質不盡相同，但是革命並未臨及俄羅斯。當時的俄羅斯帝國，有點像二十世紀的納粹那麼聲名狼藉。

我不免困惑，為什麼馬克思倡導的共產革命能在俄國境內成功？為何不在孕育馬克思的土地上，或者他避難的英國？反而是離他最遠的歐陸國家。透過這次閱讀，輪廓才漸漸顯影。其實，馬克思起初對俄國並不抱什麼期望，但是他的資本論推出之後，第一個出現的譯本竟然是俄文，他心裡期盼英文譯本該拔得頭籌，可是出他意外，俄國人對他的理論很感興趣，他對俄國的態度也因而轉變。

一流的作家或學者高明的所在，就是他們善於引介、啟發，可以說他們就是最好的讀者：他們提綱挈領，出入時間與思想的迷霧，剖析他人的著作與性格的特徵，為我們塑造形象、凝聚歷史，有時候他們上窮碧落下黃泉，將各種糾葛不清，混沌的問題或理念解開。讀艾德蒙・威爾森（Edmund Wilson）就是這種體會。

威爾森從米西列（Jules Michelet）開始，一直講到俄國革命最重要的人物：列寧與托洛斯基，把從法國大革命以降，將歐洲的革命事件與人物，逐一解析。非以艱澀的學術論述呈現，而是以澄澈且帶著戲劇性的筆法鋪陳，就像有的評論家

所述，這部《到芬蘭車站》（To the Finland Station）洋溢著小說與戲劇的張力。這種例證在書中處處可見，本書的副標題——A Study of the Writing and Acting of History，說明了本書是作者對歷史之寫作與行動的研讀。但譯者將之譯為馬克思主義的起源與發展，更明確點出這本書的核心議題。

本書寫作時值美國經濟大恐慌（The Great Depression）最沉重的時刻，也就是資本主義呈現最灰暗，幾近破產的年代，威爾森正是三十多歲的壯年。1932年他訪問了美國各地的礦區和工廠，收集許多資料，原本想以小說的結構來呈現這個主題，但是末了卻走向了另一種風貌。和三〇年代許多左傾，對共產主義懷抱熱情的知識份子一樣，威爾森對社會主義必然也有相當的寄望。雖然他從未加入共產黨，但當時他相信共產黨真心幫助工人階層。甚至到了1935年，他開始了本書的寫作，他寫信給他的好友John Dos Passos（他也曾一度對蘇聯抱有期望，但熱情已衰減），認為史大林是真正的馬克思主義者。

不久，他訪問蘇聯，在那裡待了五個月左右。當時他在日記上隱瞞了一些事實（就像羅曼羅蘭），沒有透露他在蘇聯境內目睹的恐懼與壓抑。到了1938年左右，他就不再掩蓋了，他對朋友說蘇聯以政治的機器操控極權主義。到了1971年的新版序言中，他坦承在書中對列寧形象的描繪過於美好。他認為許多未曾身歷其境的文人，常將別人國土上發生的革命與動亂理想化。雖然通讀此書，我並不覺得威爾森有過度美化或理想化俄國革命，但那個傾向還是讀得出來，他自己也承認撰寫過程中免不了有自己的偏見。但對想要了解社會主義革命發展歷程的讀者，這部書具備綜觀全景的功能，我覺得過程中受益匪淺。

II.

　　《到芬蘭車站》的內容，大抵可以分成三大部分：第一部分主要就是介紹從法國大革命以降衍生的各派社會主義思想，以法國一位歷史學家米西列為主軸，漸次展開本書。第二部分是全書最重要的部分，介紹馬克思主義的形成和發展，把馬克斯和恩格斯這兩個人物的互動關係、思想結構，他們在歷史舞台的表現，做了相當精彩的概述。第三部分介紹俄國布爾什維克所領導的革命，當然最主要的就是兩個人物：列寧和托洛斯基。這個部分是全書最弱的部分，也許如威爾森所言，他當時寫作的資料有限，而且他對革命還殘存了一點理想成分，所以對列寧的描繪也就難免失真。

　　書中叫我最感興趣的，就是威爾森對革命人物的刻劃，也可說是全書最有趣的部分，作者在各派社會主義思想形成過程中，插入了重要的歷史演員和事件，看他們風起雲湧，在歷史的急流中衝刺、浮沈、隱沒，特別能引發閱讀的想像。

　　國際工人協會（International Working Men's Association，也就是俗稱的第一國際），1864年在倫敦成立，馬克思受邀參與這次大會，此後，馬克思成了此運動的精神導師。第一國際能支持下去，主要是仰賴英國工會資助。雖然當時工會領袖不贊成革命活動，但是博學多聞的馬克思對他們還有相當的吸引力，加上他們聽到無產階級將來能掌權，也是他們能接受組織的原因。書中威爾森對馬克思的表現十分肯定，領導手腕高明，對不同的政治意見也特別容忍。但幾年後，他卻遭逢了一個重大的敵手，就是巴枯寧（Mikhail Alexandrovich Bakunin）。

　　第一國際的發展速度驚人，到了六十年代末期，已經擁有八十萬個正規成員，直到了1869年巴勒議會（Bale Congress）成立，馬克思的地位開始遭到嚴重挑戰，巴枯寧在會中展現了他驚人的威力。馬克斯一生樹敵甚多，但是巴枯寧可能是他最頑強的對頭，書中用了一章篇幅專述巴枯寧生平，還有他從事革命的起伏跌宕。

　　有人記述巴枯寧演說的狀況，說他雖然內容紛雜，邏輯不連貫，但卻鏗鏘有力，咄咄逼人，光芒四射，語驚四座，是個天生的演說家，這是搞革命的人必須具備的才幹。此後，他們就成為天敵，但是馬克思對他卻有許多複雜情緒。根據威爾森敘述，馬對巴枯寧是既羨慕又忌妒，因為巴枯寧渾身充滿魅力，而且擅於統御，這正是馬克思缺乏的特質。巴枯寧有一種嬰孩的純真和俄國式的狡黠，散發著一股迷人的煽動力。他腦海裡的革命藍圖和馬克斯自然差距甚大，至終，因為馬克斯和恩格斯無法掌控、指揮第一國際，這個工人組織也就被迫解散。

　　以賽亞‧伯林（Isaiah Berlin）在《俄國思想家》一書中，同樣專闢一章討論兩位十九世紀社會運動的重要人物：一位是赫爾岑（Alexander Herzen），還有巴枯寧。柏林論巴枯寧的觀點比較著重他思想的特色；威爾森則比較強調巴枯寧的行動，以及他對革命的衝擊，柏林的觀點更中肯客觀。他說巴枯寧關心的是抽象的價值，但對人命卻表達出犬儒式的冷靜。他憎恨抽象領域的奴役、壓迫、偽善、貧窮，但對呈現這些事務的具體例證，卻不真正厭惡。柏林說：「他不大關心個體命運，他索取的基本單位模糊不清，大而無當。」不管後果如何，先破壞再說，就是他的職業革命家的職志與氣質。

1866年之後，巴枯寧大肆提倡所謂的「無政府主義」，這個教條成了他《革命家教義問答》（The Catechism of a Revolutionist）中一項重要主張，在和馬克思的論戰中，他也以此對抗馬克思的德國獨裁主義，沒想到無政府主義竟然會在日後巴黎公社成了當紅的學說。威爾森概述這個問答的內容，由此可以理解各樣革命份子的基本邏輯，就是為達目的，不擇手段：「革命家是命定的人，不能有個人利益或情感，甚至沒有自己個人的姓名，他只有一個念頭：革命。……他必須冷酷無情，隨時準備犧牲性命，要訓練自己忍受折磨和酷刑，他不能有任何感情……革命家的唯一目標在於完成工人的自由和幸福，但要記住，只有大破壞性的全民革命行動才可能完成此一目標。……我的工作只是破壞、恐怖、完成、普遍、無情，因此，為了此一目標，我們不僅要結合群眾中的頑強份子，同時也要結合盜匪，俄國未來的革命必須是這個樣子。」所以，巴枯寧認為只有立即摧毀一切的政府，才得以建立社會主義，一旦無政府主義得到勝利，人性中與生俱來的良善本質才能抬頭，社會主義就能自行運作，不假他求。

　　我讀到這個簡略的說明，深為嘆服巴枯寧驚人的想像。他為革命的熱情理想，可謂摩頂放踵，鞠躬盡瘁，令人欽佩。但是他的假設卻十足危險，說穿了就是恐怖分子的邏輯。把政府摧毀了，人性的良善就能發展？這種結論天真的可怕。難怪各地政府要把他當危險人物逮捕。近兩百年來的革命，大致上的後果都是混亂、悲慘。革命把所謂不好的政府毀滅，趕逐，結果取而代之的並非浴火重生的美麗新世界，常是為更殘酷、嚴重的暴政鋪路。

　　除了這些熱力四射、號召力強的革命家，還有當時流行的思潮，也配合將來的藍圖，為革命鋪路。十九世紀的俄國盛行一種思想，然而這種思想既非政黨名稱，也非連貫的學說，可算是一股激進運動的泛稱，這就是流行於十九世紀後半段的民粹主義。伯林在《俄國思想家》一書中，總括此一運動的特性，討論其中流派的異同，兼論各派代表性人物，清楚勾勒運動的過程與輪廓。在共產主義尚未降臨俄羅斯之前，我們見識了民粹思想的面貌竟有彼此神似之處。

　　讓我舉一兩個例子來說：首先，俄國的民粹主義者普遍同意，國家是一個脅迫和不平等制度的體現，所以其本質是惡的。在國家消滅以前，公義與幸福不可能出現。這個說法等於說現有的國家及其體制基本都是邪惡的，必須推翻，才有可能帶來福祉。可以想見這種思想正是革命的沃土。搞革命的先進們，普遍都有睥睨一切、嫉惡如仇的氣質，所以對那些觀點不同的人，他們使用的詞句狠毒凌厲，抹黑、攻擊毫不留情，頗像當今台灣的政局。

　　再者，民粹主義者都同意，未來的社會須以社會主義團體為基礎，農村公社則是這些團體的理想胚胎。雅各賓黨的黨徒也主張，革命家應該傾全力奪權，以引進社會主義。即使因為這樣而延後以道德、社會、政治現實來教育民眾的任務，也在所不惜。簡而言之，奪權第一，其他等以後再說。這派思想有種荒誕的天真，他們認為只要革命把舊體制打破，再來推行那些教育，必有一日千里，事半功倍的效能。這個時期最具代表性的人物叫車尼雪夫斯基，他的為人與眼光帶著點草根性，伯林對他的優點也讚譽有加，但同時也指明他的弱點。他畢生倡

導不可與敵人妥協，要全線作戰，沒有中立。伯林認為他的許多思想路線，和1917年列寧的言論雖不是字字吻合，但異常近似。他的人格與眼光，也是仰慕他的列寧身上的表記。

III.

威爾森對俄羅斯的觀察，當然有其不足，他在書中1971年的序言裡提到，新俄國必然繼承了老俄國的醜惡遺產，諸如：「檢查制度、秘密警察、顢頇醜陋的官僚嘴臉，殘酷專制的極權作風」等等。但是帝俄時代雖然黑暗專制，但真正控制的手段並不算緊密嚴苛，而且漏洞百出。許多被判流放西伯利亞的政治犯，輕而易舉就能逃跑，甚至還能在流放地繼續他們的革命活動。巴枯寧、列寧、托洛斯基、史大林等等都曾有類似經歷。但是等到革命成功，俄共控制手段之嚴密，不要說謀反逃跑，連人的思想他們都嚴格監控。也許我們必須閱讀《古拉格群島》的記載，才能得知這個專政機器如何延伸、見識它無遠弗屆的恐怖手段，還有它驚人的效率。

在《古拉格群島》中，索忍尼辛回溯史大林時代的逮捕熱潮，他將逮捕潮涵蓋的規模，株連涉及的層面，以俄國的大河作為比喻，幾百萬，甚至幾千萬俄國人遭到冤獄、整肅、流放、奴役，規模之大令人無法想像，手段之酷烈令人咋舌。我們不免驚訝，「無產階級革命」成功後的結果，竟然就是獨裁者權力無限擴張，讓整個國家陷入痛苦泥沼？閱讀那些犯罪的記載，為要整肅、改造、消滅散佈在各個階層、各個角落的害蟲，務必要建立高效率的政治機器，這個機構必須要無洞不鑽，無堅不摧、無仇不報，務求害蟲能剔除盡淨，才能建立一

個全新的共產社會，產生全新的族類。它所製造的冤獄之多，真是罄竹難書。

　　有一年我讀到一篇文章，文內提到納粹和共產主義暴政的兩種面向。我不記得準確的說法，大意是：納粹是對外族殘暴，而共產黨是對自己的同胞狠毒，思考之間頗覺有理。納粹以種族與血統的純淨為由，必須剔除、消滅所有不潔、劣等的族裔。而共產主則是關起門來，藉著不斷革命，剷除內部的階級敵人，以期達到終極的目標，而受害者大都是自己的同胞。讀《古拉格群島》我印象最深的是，那些二次大戰期間被敵軍俘虜的戰俘，在大戰勝利之後的命運，他們不但不能解甲歸田，史大林還直接把他們送進監牢與集中營，罪名是背叛祖國、投降敵人。

　　史大林的心計是，讓這批人留在俄羅斯偏遠的地區，利用他們進行共產政權的建設。那些殘害自己同胞的紀錄，無論在前蘇聯、中共或越南，甚至東歐的諸國，都是同樣的狀況。即使今天共產主義的統治結束了，那些奴役傷殘仍深刻腐蝕著記憶，我讀米瓦西（Czeslaw Milosz，1980年的諾貝爾文學獎得主獎）《禁錮的心靈》，描繪的正是這個政權對東歐人禁錮、奴役的記憶。

　　其實，除了威爾森筆下的革命人物之外，最讓我感興趣的還是威爾森本人。他探求知識的熱誠無與倫比，可能歷史上少見，也許馬克思可以與之抗衡。根據研究他的學者說，為了評價一本書，他要求自己必須讀過作家整體的著作，並要對其國內與國際間脈絡的關係都要熟悉。簡言之，除了作家全集，還要涉獵作家周邊的細節。他每天寫作，並且經常出入不同的

文體類型，修訂、潤飾、擴大、出版，一生不輟。這當然也說明了，他涉獵的深廣令人驚訝。就好像他為了要讀普希金（Aleksandr Pushkin），便下工夫鑽研俄語。

好幾年前有一次在圖書館看到一本死海古卷的專著，上頭的署名讓我感到困惑，這個Edmund Wilson是不是另有其人？直到最近我才知道，他是個典型的盎格魯薩克遜新教白人，即WASP（White Anglo-Saxon Protestant），雖然他老早就放棄信仰，但為了閱讀舊約聖經，竟認真研讀希伯來文，到他寫死海古卷著作時，他對希伯來文已經相當精通，可見他的背景依然影響他對猶太人與希伯來文化的觀點。

我對他的印象最先是從夏志清先生的評論得來，但當時我並不知道除了文學評論家之外，他還有這麼多繁複的角色，近年來收集他的著作，越讀越覺得難以將他歸類，他涉及的領域花樣真多。研究他的人可能也只按著自己的興趣及需要，來稱呼理解他，所以有人稱他是個官能主義者（Sensualist，他有不少次婚姻，到了七十歲仍傳風流韻事），文人（他不喜歡這個稱謂，因為他的文章都是刊登在美國出名的雜誌），社會運動家，記者，公共知識份子（目前最流行的稱謂）等等。

閱讀威爾森的文體，是一個受教育的過程，他綜觀鳥瞰的能力，能將那些糾纏難解的學說、現象，化為明晰流暢的修辭。有位編輯他紀念文集：《百年深思》（Centennial Reflections）的學者，說得好：「他以文學的分析，把傳記與人物的研究調和一起，這使得他在文學肖像畫的競技場上，得以繼承約翰生（Samuel Johnson）與泰納（Taine）的地位。」

　　不少地方威爾森在《到芬蘭車站》書中，評判馬克斯與恩格斯的書寫風格，說到馬卓越的諷刺筆法，把他和史威夫特（Jonathan Swift）的文筆與個性相提並論，很有畫龍點睛之效。在討論馬歷史的寫作，威爾森也提到他對政治敏銳的觀察，準確而犀利，著作中流露幽默的機智，夾以變化多端的隱喻，並且充分展露其組織的才華，使他的著作活潑而盎然的趣味。反而是馬恩的辯證法、階級鬥爭理論性的東西顯露嚴重破綻，經常為了理論的完整而強詞奪理。威爾森客觀指出馬所經歷的窮困，以及他尖刻、酸澀的個性，使得他在理論上過於突顯階級對立，過分強調人對金錢的需索。

　　這位學者也說他投身難以解答的領域，既無過往的經驗可尋，也無通用的法則可考，只為了探求真知，他全力以赴。所以說在他探索的諸多領域中若不是專家，至少也達到相當精確的地步。閱讀威爾森，我們窺見他陳明革命人物的學說、性格與行動，在歷史的脈絡中交融互動，使我們得知社會主義革命的起源與發展。他的觀點我們雖不盡然接受，但他的敘事策略，高明的鋪陳卻已在閱讀中深植腦海。

當政府成為恐怖分子
——讀蘇聯的肅反

> 如果你把一隻普通的跳蚤放大幾千倍，
> 你就會在地上找到一隻最可怕的動物，無人能控制。
> ……史大林就是一隻布爾什維克的宣傳和恐怖催眠底下，
> 被放大到不可置信尺寸的跳蚤。
>
> ——高爾基日記

I.

　　我還記得學生時代閱讀俄羅斯作家，最覺得辛苦的就是俄國人冗長又聱牙的名字。而那些小說就像蘇聯的領土一樣遼闊而漫長，森冷沉重，行進的節奏也是滯重緩慢，稍不留意，就不知去向。尤其是那些難記的姓氏，常讓我搞不清誰是誰。從去年開始，陸陸續續閱讀史大林三〇年代進行「肅反」的史料，我又遇見了同樣的問題，那些笨重的名字剛開始像個謎團，像個層層連結包裹的線球，我煞費苦心抽絲剝繭為這些謎題解套，總算有了點頭緒。俄國人是個複雜、深刻又古怪的民族，而這塊土地上的文化與政治，也經常是劇烈起伏、趨於極端，難怪搞革命的人層出不窮。俄羅斯的確是塊神秘而痛苦的土地。

　　二十世紀的三〇年代，對許多國家和民族而言，都是極端陰暗的年代。中國人受日本侵略屠殺，納粹登上政治舞台、

發動戰爭，美國正值經濟大蕭條的動盪，蘇聯人則在肅反清洗下經受水火。也是在三〇年代，不少美國人因為經濟恐慌紛紛移民到蘇聯，西方不少知名的知識分子，對共產主義在蘇聯的「成果」〈其實是宣傳假象〉，充滿熱烈憧憬，許多人相繼訪問這個紅色政權，無論是因應潮流或進行探索，抵達了共產帝國之後他們才認識真情，有所省悟。發現真相無疑是個痛苦的歷程，安德列・紀德（Andre Gide）就是顯著的一位。

羅曼羅蘭和紀德在三〇年代先後訪蘇，也都寫下訪蘇的印象，儘管羅蘭批評紀德的觀點，認為紀德有惡意，其實他們的觀察仍有相似之處，但他自己卻沒有立刻發表日記，反倒選擇保持沉默五十年。這次讀羅蘭的《莫斯科日記》，也透過研究者的考證，我才理解他選擇沉默，另有隱藏的原因。

其實，羅曼羅蘭返國之後，極想立刻發表他的觀察。雖然他已有不少體會，但仍對蘇聯保持了忠誠與期盼。日記中呈現的熱情，難免使他失去真確的判斷，不若紀德相對客觀，常能點出欺人表象的核心。羅蘭的日記除了客觀紀錄在蘇聯所見，呈現派系間的傾軋，也記載他和史大林及高層會晤的經過。此外還有一個重要的附錄，就是他和史大林對話的完整紀錄。訪談中羅蘭的恭敬溢於言表，但也真誠表露他的憂慮，因為蘇聯發生的事件，已經影響西方世界同情蘇聯革命的同路人。

史大林在對話中聽起來頗為誠懇，且充滿自信，自己的謊言連篇累牘，卻指責別人的謊言荒誕不經。然而在回答基洛夫（Sergei Kirov）暗殺事件（這是史大林進行肅反主要的導火線）的時候，他道出了某些真相：「我們所槍斃的一百個人從司法觀點來看，都和殺害基洛夫的兇手沒有直接的聯繫。但

他們都是我們的敵人從波蘭、德國和芬蘭派進來的……我們已經得悉，犯罪的『恐怖份子』在兇殘的殺害了基洛夫之後，還打算對其他的領導人實行兇殘的計畫。為了預防這種罪行，我們承擔了槍斃這些先生們的不愉快責任。政權的邏輯就是這樣的。在類似情況下的政權就該是強力的、猛烈的、和無所畏懼的。」

史大林的回答除了第一句是真話，其他都是荒誕不經的謊言。對話中突顯了極權統治的另一種真相：恐怖政治。他大言不慚的回答，他殺人的目的乃是預防犯罪，當然那些所謂的「罪犯」全是無辜的替死鬼。這就是史大林「政權的邏輯」！人命在他眼中根本不算回事，他的政權威信才重要。也許經過史大林坦率的說明，平復了某些羅蘭的迷惑。

羅曼羅蘭回到法國之後完成了日記，曾透過管道多次向史大林表達出版的意願，但史大林卻始終沒有回音。對一個老謀深算的獨裁者而言，將那些聳動的言談公諸於世，當然對他不利，所以史大林始終沉默。也許部分出於敬意，或許由於史大林的態度，使羅曼羅蘭感到封口是最佳選擇。但同時也使他在後世留下汙點，和紀德的誠實、勇敢相較，這個事件顯示了羅蘭怯弱與盲信的悲劇。

紀德訪蘇的時間是在1936年6月17日，剛好和羅蘭的行程同一天，只是差了整整一年，無法說這不是個巧合。紀德是應蘇聯作協邀請，羅蘭是受高爾基邀請訪蘇。我感到納悶的是，當時正值蘇聯恐怖整肅期間，外界對蘇聯當局有諸多批評揣測，雖然這些著名作家的行程，不是直接出於史大林，為何他們會在此敏感時刻受邀訪問蘇聯？當然，所有行程皆是細心安

排的樣板，當局總是將社會主義最美好的一面呈現給客人，但樣版終究無法滴水不露，瑕疵總會露出破綻。我猜測獨裁者想要藉這些有發言份量的人澄清迷霧，你說收買也好，賄賂也行，蘇聯的確用心良苦。但他們沒想到某些人的良心是無法收買的。

雖然蘇聯當局精心設計作家們訪問的路線，企圖呈現給訪客社會主義建設最輝煌的成就，但那些成就若非宣傳假象，或者根本就是騙局。漢娜・鄂蘭（Hannah Arendt）在《極權主義的起源》（The Origins of Totalitarianism）裡說：「極權主義宣傳只有在常識失效的地方才能大量地侮辱常識。……無疑地，只有在極權主義的世界裡，虛假和偽造的事才能達到極端。」正因為蘇聯是一個完全封閉的社會，群眾根本無其他資訊管道，只有黨的宣傳機器提供正確、「無毒」的消息，所以宣傳才可肆無忌憚，完全不顧常識判斷。

所以紀德在《訪蘇歸來》裡這麼說：「蘇聯公民對國外一無所知，更有甚者，他們都還確信，外國各個領域都遠遠不如蘇聯。……每個人即使不滿意，也還是慶幸受這種制度保護，免遭更大的苦難。」舉兩個他遇見的例證：一個發生在大學校園，一次在軍艦上。蘇聯的大學規定學生要學一門外國語，法語被完全放棄了，只學兩種：英語和德語，而且說得普遍很差。有個學生說：「幾年前，我們還能向德國和美國學點什麼，而現在，再沒有什麼可向外國人學習的了。」紀德說蘇聯人提出的問題，常讓人瞠目結舌。

另一次，紀德在一群海軍軍官中間發表了一個議論，他認為蘇聯人對法國的理解恐怕比不上法國對蘇聯的知識。當下立

即有人反駁：「一切事務，《真理報》都有充分的報導。」還有一個人走出來大聲宣稱：「要介紹在蘇聯發生的嶄新的、美好而偉大的事情，全世界的紙張全用上也還不夠。」難解的是他們真心相信謊言，還是有意護短？他們生怕外國人無知，輕看蘇聯偉大的建設。其實受騙的不只是內部人民，許多同情共產主義的知識份子，對蘇聯的宣傳策略也無分辨能力。

鄂蘭對此現象提出解釋：「易受欺騙（gullibility）和犬儒態度（cynicism）的混合，流行於極權主義運動的一切階層，層次愈高，犬儒態度就越是壓倒易受欺騙的情形。從同路人到領袖，一切階層的基本信念是：政治是一場欺騙遊戲，運動的『第一條誡律』是領袖永遠正確。」鄂蘭提出了納粹和布爾什維克各自的騙術：「當希特勒在威瑪共和的最高法庭面前作著名的法律宣誓時，只有納粹的同情者相信他；運動的成員清楚知道他在撒謊，但是比以往更信任他，因為顯然他能愚弄公眾輿論和當局。……同樣地，在戰爭期間，只有布爾什維克的同路人才相信共產國際的解散，只有俄國民眾中尚無組織起來的群眾和外國的同路人，才會相信史大林贊同民主的言論。布爾什維克的黨員明確地得到警告說，別受策略行動的愚弄，他們應該欽佩領袖背叛盟國的精明做法。」鄂蘭強調：「運動在組織結構上若無分成精英組織、黨員、同情者，領袖的謊言就不會生效。」

紀德清醒的較早，所以他的著作引起左派圍攻是可預期的。那些外圍的同路人並不認識極權主義的本質，所以也就特別容易受欺騙。欺騙在極權主義的國度是家常便飯，為了達到他們腦海裡希望的虛構，騙術是必要的。而且騙術成功，不但

不覺羞恥，還得將頌讚歸給英明睿智的偉大領袖。這種現象讓我想起聖經上說的，撒旦也曾化妝成「光明的天使」。過不多久，羅曼羅蘭發現蘇聯內部恐怖的局面愈趨惡化，許多他認識的友人紛紛離奇死亡，有的原因不明，有的罪名荒誕至極。在那個時空背景底下，謠言比正式的文件反而真實可信。可以想見羅蘭深處悔恨不已，他保持沉默，愈發證實他深處懊悔苦痛的情狀。

II.

極權主義的恐怖是全面的，它被稱為「光天化日之下建立的秘密會社」。這種組織型態有種邏輯，他們將世界分成兩個部分：一種是歃血為盟的兄弟，另一種是隱藏不明的大批死敵。鄂蘭告訴我們納粹不是簡單的排除猶太人，而是要求每個成員，都要證明自己沒有猶太血統。結果是讓每個通過檢查的人，感到他屬於一個可靠的團體，反對想像中各種不合乎資格的人。布爾什維克運動也是相同，通過反覆整肅，讓每個不被清洗掉的份子歸屬感更強。

根據上述的特質，我們會發現蘇維埃體制的設計，十足有利恐怖政治發展。政府機構，愈是明顯可見的，權力愈小。凡是愈不為人知，愈秘密的機構，權力愈大。就好像蘇維埃雖有成文憲法，憲法規定國家是最高權力機構，權力卻不及黨機構。布爾什維克的黨員雖是統治階級，但權力卻不及秘密警察。所以秘密警察在獨裁者身影的覆照下，可以為所欲為。

書中有一個點是鄂蘭試圖釐清，卻是讀者可能混淆的觀念，就是她指出極權主義的統治者和先前的專制君主、暴君不

同。因為他們相信繼位問題不重要，他們獨立於一切下級之外，這就使得政策變幻多詭、不可預測。還有，威權和極權並不相同，她說：「威權無論採取何種形式，總是意味著限制自由，但是並不廢除自由。但是極權主義統治的目的是廢除自由，甚至是消滅一般人類天性，無論多麼殘暴也要限制自由。」

另外他們身上也有個非常古怪的特色，使他們和傳統的暴君、獨夫有別，鄂蘭觀察：「極權主義獨裁者像一個不知從何處來的外來征服者，他們的掠奪不能使任何人受惠。到處造成破壞也不是為了加強本國的經濟，而是一種暫時的策略手段。至於經濟目標，極權主義政權在國家裡隨心所欲，就像俗話說的一大群蝗蟲。」他們存在的使命更像是毀滅一切，而不是鞏固發展自己的統治，這使得他們所到之處都充滿了死亡的力量。

鄂蘭也提出一個頗具洞見的分析，在我看是極權主義一種更新自己恐怖手段的法寶：「極權主義形式的另一種優點是它可以無限複製，使組織永遠處於一種流動狀態，使之經常可以插入新的層級，確定新的戰鬥性程度。」這無論在納粹或蘇聯，都能找到相同的例證。正因為這個設計，獨裁者可以一再翻新他的伎倆，一再推出新的恐怖運動。一位前蘇聯秘密警察提到史大林用人的手段：「史大林從不喜歡自己身邊的人是誠實而有主見的革命者，而只讓一些有瘡疤的人圍著他轉，以便在必要時利用這些瘡疤來耍他們。」既可保持組織的新鮮戰鬥力，不落入無法掌控的危險，又可把討厭的人輕易剔除，找到另一批不顧良心的走狗為他效力。

根據鄂蘭的說法，極權主義之所以能成功，其中有個因素就是那些跟隨者身上有種無私的（selflessness）精神，或者我

們可以說狂熱（和信仰宗教的情緒頗類似）。無論是納粹或布爾什維克黨人，他們不會因為殺害那些不屬運動的民眾，或那些反對他們的人就動搖信念。我們可從事實得到印證，他們認為殺害階級敵人或清除那些血統不純的敗類，正符合他們的信仰，他們有一套理由解釋這種做法。但鄂蘭強調有個令人驚訝的事實是：「如果他遭到厄運，甚至自己變成迫害的犧牲品，被整肅出黨，被送進苦役營或集中營，極權主義的魔鬼開始吞噬它自己的孩子，他也不會動搖。相反，文明世界都驚奇地發現，只要極權主義運動中的成員地位尚未被觸動，他甚至會自願幫助迫害他自己，判處自己死刑。」這些論述，讀來令人不可置信，但在史大林的肅反中卻是屢見不鮮。

這也是去年讀寇斯勒（Arthur Koestler）《中午的黑暗》（Darkness at Noon）遇見的困惑。我想不通為了要製造一個不存在的叛國案件，史大林要動用如此龐大的資源，製造出無數冤獄，株連一堆無辜的人（特別是被起訴人的家屬），創造三次謊言連篇、破綻百出的莫斯科大審。為了達到設計的罪名，各樣匪夷所思又極盡扭曲的逼供，紛紛出籠。我們無法用一般的道德觀念衡量其中的景象。他們毀壞人，不是輕易殺掉你，而是編造不可思議的罪名，捏造難以想像的情節陷人於罪，無論是威脅利誘，或給與各種虛假的保證，讓你俯首認罪，然後再到法庭上按劇本演出。

結果在法庭上，你見到另一連串古怪的景象。一般來說，被告不是想盡辦法脫罪，或是編織謊言減輕罪刑，但是莫斯科的審判恰好相反，被告極力配合檢方的控訴，確認自己罪大惡極，死有餘辜。有時候聲淚俱下，讓人彷彿時空錯置。獨裁者

設計這一套複雜詭異的手續,將人折磨得像塊枯木,然後再送你上刑場。而那些執行命令栽贓誣陷的人,也必須喪心病狂到一種地步,才能如此枉顧良心。

III.

如果《中午的黑暗》是虛構的場景,不具備足夠的說服力,那麼《斯大林肅反祕史》從內務部人員(KGB前身,秘密警察)的身分,披露肅反各樣駭人的手段,就更能將肅反的景象清晰呈現。當然,作為史達林執行恐怖政治的劊子手,他也是血腥的共犯,對內情相當熟悉。若非生命遭受危險,他也不會透露這些真相,也正因如此,使他的說辭更具說服力。我覺得他能存活,固然因他的政治警覺特別敏銳,其實是奧爾洛夫(Alexander Orlov)比他人幸運。和歐威爾與寇斯勒有段相同的經歷,他們都參與了西班牙內戰。1936年他被派往西班牙,擔任共和國政府顧問,組織反間諜工作,過程中他已經對蘇聯內部的整肅充滿危機意識。到了1938年7月間他脫逃成功,在美國申請政治庇護,他隱姓埋名,保持低調十幾年,默默寫作直到完成本書。他原本期盼能在史大林還活著的時候,藉此書給與重擊。但沒想到書還未出版,史大林就去見馬克思去了。

1934年12月1日發生了一個驚動蘇聯的事件,就是基洛夫(Sergei Kirov)被人暗殺,這個事件為大清洗拉開了序幕。基洛夫是誰呢?1934年年初蘇聯舉行了蘇共黨代表大會,大會閉幕之後,又召開了中央全會,基洛夫被選為政治局委員、聯共中央書記,兼任列寧格勒黨組織書記,可見他在蘇共當中位高權重。

而就在基洛夫被暗殺的當天，根據史大林的提議，蘇聯的中央執行委員會通過了一些提案，等於是對現行的刑事訴訟條文的修正，這些條文包括：

1. 偵查部門應該盡速處理被控策劃、執行恐怖活動的案件。
2. 司法機關不得推遲執行這類罪行的死刑判決，以便研究是否可以給予赦免，因為蘇聯中央執行委員會主席團認為作出這種赦免是不容許的。
3. 一俟對犯有上述罪行的罪犯作出死刑判決，內務人民委員部機關應立即執行。

這些條文正好給肅反提供法源依據，也讓內務部的權利膨脹到極點。所以清洗的審訊工作恰好依循此一原則，速審速決，絕不允許翻案。奧爾洛夫在書中清楚交代了基洛夫被暗殺的細節，可謂曲折離奇又撲朔迷離。而緊接下來就是蘇聯史上最黑暗的一頁。書中將三次大審始末，還有審訊中主要的角色逐一陳述羅列，這些人多數都是列寧身邊的革命夥伴，創建蘇聯的功臣，他們萬萬沒想到史大林的清洗策略會如此毒辣、迅速而徹底。

奧爾洛夫除了揭露史大林肅反政敵的始末，也把那批甘願充當攪肉機的內務部人員的結局逐一鋪陳，他作為其中的一員，對此感受特別鮮明，他說：「其實，在準備莫斯科審判的全部過程中，如果內務部領導們能認真分析一下史大林下達的各項指令……他們一定會驚奇的發現，史大林最終還要消滅他們這批人，因為他們直接參與過消滅列寧老禁衛軍的陰謀活動，是史大林各種罪行不受歡迎的見證人。」有可能他們是當

局者迷，但周遭的恐怖氣氛也讓他們無暇他顧。其實，連內務部的頭子雅戈達（Genrikh Yagoda），當史大林對他失望，就在第三次大審中把他送上斷頭台。

奧爾洛夫深知史大林屠戮異己的手段：「按照史大林的邏輯，一切為奪取政權而不惜用暗殺來消滅政權的政客，都必須不擇手段消滅自己犯罪的全部痕跡，包括毫不留情地幹掉其暗殺指令的執行人。」奧爾洛夫為內務部的人員感到悲歎，一面來說這些人是他多年的同事，一面也同情他們的無知。劊子手果真沒有警覺？其中脆弱、心腸軟的人，很可能在過程中畏罪自殺，但有些人根本就是「人在江湖，身不由己」，人受黑暗力量的驅使擺佈，根本無法回頭。即使想回頭，也只有死亡一途。

到底肅反清洗了多少人，又株連了多少人？後代史家也無定論，但是有些數字確實能顯示其慘烈。1934年出席黨代表人會的黨代表有一千兩百二十五人，其中一千一百〇八名被捕（其中多數人死於內務部）。出席的中央委員和候補委員共有一百三十九名，九十八人遭受厄運。蘇聯的部隊也嚴重受損，尤其在1937-38年間的清洗，高級指揮官受害最深。五名元帥死了三名，十五名集團軍司令，去除了十三名，八十五名軍長死了五十七名，師長一百九十六人，失去了一百一十名，其餘的就不必說了。這些消息讓希特勒興奮不已，這也是德國揮軍進攻蘇聯的重要根據。

如今我們思考「清洗」的問題，可能只看到一堆驚人的數字，那些驚悚可怕的情節只能依靠想像。如果史大林對自己的家人都沒什麼情感，對黨內精英也十足冷酷，對護衛國家的將

領毫不手軟，你想他會怎麼對待蘇聯的百姓？史達林會成為大魔頭，有些原因我們無法探測，但有的連孩子都能懂。他不相信任何人，有次他對赫魯雪夫說他看每個衛兵、每個下屬都有可能是殺手。如果這句話屬實，那麼根據他的想像與推斷，連萬哩之外的托洛斯基都有嫌疑，那麼他身邊每個人都有可能是恐怖分子，也就理所當然了。殺幾百萬個有嫌疑的恐怖分子，對他而言不算太過分。

也許大家還記得史大林的名言，「一個人的死亡是悲劇，但幾百萬人的死不過就是數字罷了。」有什麼說法比此更能描摹恐怖分子的心態？

腥紅遍地
——讀毛有感

I.

1994年11月間我第一次讀完李志綏先生的《毛澤東私人醫生回憶錄》，書中有個事件讓我印象深刻，不算甚麼大事，但這件事卻讓我領會獨裁者與眾不同之處。一個雜耍團的孩子在表演之中受了傷，孩子的母親擔心哭泣，李先生記錄毛當時談笑風生，對孩子的安危視若無睹，似乎無事發生。我心想許多政治人物都擅於表演，獨裁者也不例外，但這個時刻毛連表演都懶得裝做，說明他冷酷的程度異乎常人。我感到困惑，為何這一位讓中國人生靈塗炭的獨裁者至今仍受歡迎？

我也記得幾年前，當張戎和他的夫婿Halliday所著的《Mao: The Unknown Story》剛出版的時候，張戎上BBC接受訪問，當時訪問他的中文主持人語氣激昂，對她筆下的毛非常不以為然，call in電話中不少聽眾也紛紛表示相同憤慨。當時我印象最深的是，當張女士問眾多質疑者，你讀過此書沒有？他們大多都沒讀過英文原著，當時的中文譯本也尚未出版。要表示意見當然沒問題，但我無法領會的是，他們為何如此護衛毛澤東？為沒讀過的書義憤填膺，到底他們要維護甚麼？

今年十月間，我終於把張戎和Jon Halliday合著的中文譯

本：《毛澤東鮮為人知的故事》讀完。之後，我在網路查閱對毛著的評論，看到許多對李志綏與對張戎女士著作極度負面的反應，惡毒的攻擊洋溢著深度的仇恨。而攻擊者的話，看得出他們多數人根本沒讀過這些書。文革結束三十年，為何仍有這麼多人對毛極度維護？原因何在？我仍無法準確理解。當然，書中富有爭議的說法，或史料無法求證，或受訪者否認，或觀點不同，大家見仁見智，於理有據，或潑婦罵街，隨心所欲，這是言論自由的時代，誰都有說話的自由。但護衛者是不知真相？還是根本不在乎事實？這也是困擾我的部分。

我讀到《愚昧改變歷史》（Ignorance changed History）一書中，作者探討了歷史上因著無知與愚昧狀態所犯的重大錯誤，有一些是我以往從不知道的案例。其中一節也討論了大躍進，書上這麼說：「據估計，1958-1960年間有三千萬中國人死於飢餓和瘟疫。不過，從1961年初開始，中國開始走出黑暗，毛自動把他的國家主席一職交給了他的對手劉少奇。」

書中有個附註，強調這篇文章「關於大躍進的數據統計與觀點看法是英文版原作者提出的，不代表中文簡體版譯者和出版者的立場觀點，本著尊重原著的原則，此處未作刪改。」我想這也代表了某種進步，至少他沒像以往我讀過的一本，連書名都竄改的出版社（書名叫《斯大林晚年離奇事件——Stalin's last case》，原著的本名是《Stalin's Last Crime》，新華出版社）。至少他強調尊重原著，表達他不同意英文著作的觀點。終究本書不是嚴謹的學術著作，你不可能苛求樣樣準確。

但有個說法卻是個明顯錯誤，毛怎可能輕易「主動」將國家主席一職交給劉少奇？張戎書中透露劉少奇對毛大躍進政策

出其不意的攻擊，逼使他拱手讓出主席一職。這埋下毛日後發動文革對劉奪權、報仇的種子。這段時間在我腦海盤繞最多的就是，文革才使毛才成為魔鬼？為要復仇洩恨，不惜讓整個國家陷入暴亂，令人稀奇，竟有這麼多人響應、附和他的號召。毀滅的力量一旦動員，就很難歇止，毛大概也感驚訝，文革暴亂顯示的失控狀態，最後他號召這些人上山下鄉插隊去，再度證明毛力量的伸展，同時也暫時解決城市人口過多的麻煩。

兩個事件在閱讀中，讓我感到毛的劇毒和狂暴。第一就是毛對劉徹底的毀滅：

我從王友琴女士的《文革受難者》讀到劉少奇受害的段落：「在1986年出版的高皋、嚴家祺所著《文革十年史》書中，寫道：『沒有人幫他換洗衣服，沒有人扶他上廁所大小便，以致把屎尿拉在衣服上。長期臥床，造成雙下肢肌肉萎縮，枯瘦如柴，身上長滿了褥瘡。……並用繃帶將劉少奇雙腿緊緊綁在床上，不許鬆動。』」我特地查閱了手上的《文革十年史》，果然發現了這段記載。

王女士又提到另一本書，也有同樣紀錄：「1996年出版的《文革檔案》（北京，當代中國出版社）一書中，也有這個細節（286頁）。」王女士的解釋是：「把一個已經癱瘓的人綁在床上，沒有任何實際作用，唯一的解釋，是故意的殘忍，是虐待！」也許有人會辯稱，這不是毛授意的，但我們可以輕易就推測，毛也未禁止這種暴行。我相信將來這些令人髮指的史料都會一一披露，我們需要深遠的時空，才能更準確看待這些黑暗的記錄。

第二是毛利用紅衛兵的邪惡手法，令人毛骨悚然：

張戎在毛傳中第四十八章《浩劫降臨》提到這個事件，雖然我以往讀過，但這次讓我印象更深刻：「八月五日，在高幹子女成群，毛的兩個女兒也曾就讀的北京師大女附中，學生們第一次活活打死了自己的老師，五十歲的副校長卞仲耘。這位四個孩子的母親，被強迫挑重擔子來回跑，女學生們用皮帶抽她，用帶釘子的木棍打她，用開水燙她。卞仲耘就這樣被折磨至死。」

　　八月十八日，毛穿上軍裝，站在天安門成樓上檢閱紅衛兵，為數幾十萬。張戎書中提到那些打死卞仲耘的紅衛兵，獲得讓毛戴紅袖章的殊榮。毛問她叫什麼名字？她說：「叫宋彬彬」，毛問：「是不是文質彬彬的『彬』？」她說「是」，毛就說：「要武嘛！」就在那一刻，全體紅衛兵陷入了歡聲雷動的集體瘋狂。由此，宋彬彬改名「宋要武」，北師大女附中改成「紅色要武中學」。

　　學生打死老師，不但無罪，還受到最高領袖的嘉勉。這還是十幾歲的女孩子，和這位副校長並無冤仇，慘死者也是毛女兒的老師。殺人無罪，毛還變本加厲，煽動這些孩子要使用暴力、仇恨！一個人喪心病狂到這等地步，竟成了國家領導人。他用一班最血氣方剛、最無知的孩子為他奪權復仇打先鋒。最讓我驚訝的，他身邊的共產高幹不但沒有反對，而且還支持擁戴。這可能是歷史上空前絕後的暴行。納粹屠殺猶太人，還遮遮掩掩，心不甘情不願地承認。鼓勵幾百萬孩子為所欲為，今天還有人歌頌，說他只是文革犯錯而已。許多無辜之人慘死人圜，無人聞問；犯下滔天大罪的，仍受景仰、供奉，這到底是什麼邏輯？

II.

政治宣傳，就像許多商業廣告一樣，目的鮮明。除了抹黑對手之外，就是強調自己的英明美好。但宣傳，歷來多是謊言，通常都必須經過時日之後，才能驗證宣傳的真偽。抗戰結束後，內戰未爆發之前，國共兩黨的宣傳戰已經開打。這期間有六位代表各黨派的參政員訪問延安，試圖搭橋，化解對立。當日訪問延安的黃炎培和毛有段關於民主的對話，被媒體一再引用。我在《舊聞記者》一書中，讀到毛對民主的談話：「我們已經找到新路，這條新路就是民主。只有讓人民來監督政府，政府才不敢鬆懈。只有人人起來負責，才不會人亡政息。」話在當時，應是擲地有聲，可今天聽來，格外刺耳。蔣的民主固然有名無實，但「民主」在毛心裡又算幾文錢？可以想像，民主只對外宣傳，用來指摘別黨獨裁，製造假象的工具。等到奪權成功，所有政黨就一律噤聲。然而，當年竟有無數人受騙。

張戎對毛的評述，讓我們目睹騙術、宣傳、謊言，是政治人物的專長，同時也讓人領會，人何等容易輕信騙術，跟隨謊言，再黑暗、荒誕的宣傳，只要有人敢講，就會有人信。文革的造神運動，就是一連串宣傳與謊言堆砌、編織而成。連在所謂的民主國家也不例外，人親眼目睹了陳水扁荒腔走板、無恥至極的騙術，口口聲聲愛台灣，錢卻跑到海外，儘管如此，支持的人為數還是不少，這都證實，只要謊言重複多遍，就會有自動上鉤的魚。二次大戰納粹暴行雖多經顯露，事實昭然若揭，仍有人拒絕承認，今天還有人寫書抗辯納粹的罪行。毛在世時，創造了無數假象，舉個張戎書中的例子：「毛不講究衣

着，他愛的是舒服。他的鞋多年不換，因為舊鞋才舒適。必穿新鞋了，他讓警衛戰士替他穿鬆了再穿。他的浴衣、毛巾被都補了又補，一床毛巾被有五十四個補丁——但它們可不是平常的補丁，是拿到上海去請手藝最好的師傅精緻地織補，費用比買新的不知高過多少倍。這不是甚麼『艱苦樸素』。世界上許多隨心所欲的巨富和極權者常有這類享樂怪癖。」

「當然，一國領袖享受些奢華、別墅沒有什麼了不起。毛的不同是，他一邊盡情揮霍，一邊把自己打扮成節約的楷模，要全中國人民都在極端艱苦中過日子，對挪用國家財產遠不如他的人無情懲罰，乃至槍斃。」書中提到一份毛的菜單，正是大饑荒期間，幾千萬人餓死的年代：「一九六一年四月二十六日，毛身邊工作人員會同廚師為毛精心制定了一份西餐菜譜」，注視那些食物種類的名稱，讓我重新思考人民如草芥的意義。

還有在性生活方面，張戎說：「毛統治下的人民忍受比清教徒還清教徒的約束。」不少經過文革的朋友告訴我，文革期間談情說愛的創作，如歌曲、電影之類，都被歸類為黃色的作品。然而，毛在性生活上卻是完全的放縱，李志綏先生的著作證實這個事實。張戎提到彭德懷抨擊毛這方面的醜聞，至終卻成了整彭德懷的罪狀之一。「彭的反對不起作用，部隊裡的文工團成了毛的應召站。毛在各地的別墅也都挑選對毛胃口的護士、服務員，隨叫隨到陪毛睡覺。」毛治下的中國，拆散了多少家庭，毀壞了多少婚姻，也破壞了多少年輕女子，然而許多人仍然一心護毛，對此視而不見。

李銳先生在《毛澤東執政春秋》序言中提到了「歷史健忘症」一詞。這是中國人至今還未治癒的疾病，日本竄改教科書

的醜惡，讓人義憤填膺，也引起各方撻伐，但是毛在中國的形象，仍在重重的謊言掩蓋下，他造成深劇慘烈的禍害被輕輕帶過，或被快速遺忘。毛熱就是個證明，他的畫像今天仍高掛最鮮明的位置。《文化健忘症》（Cultural Amnesia—Necessary Memories from History and the Arts）一書中，作者Clive James提到後世持續發現新的資料、事證，證實毛的殘暴，但對毛的幻想也從未停止，顯示人何等善於遺忘舊事。西方世界當年也普遍相信那些替中共宣傳的記者如Edgar Snow的影響（作者甚至說Snow是個有用的白痴），日後費正清也承認像他這樣的中國通也受到類似的欺騙。（New York Review of Books網站上信件的對話）

李的回憶錄非為著扒糞，或要揭發甚麼黑幕，而是一個人對自己良心，對歷史負責的紀錄。許多時刻他只是據實記載，恪守醫生職責，觀察毛的生活，照料他的健康。他的證言顯示毛是一個精於權術，喜歡穿梭離間，行止孤獨，行蹤不定，痛恨繁文縟節，晝伏夜出，拒絕服從任何時間表，徹底冷漠的怪物，甚至對身邊親近的人也是如此。而這樣的人卻管控了中國近三十年。如果這只是個人私德還好辦，但把這些特質運用在人口最多的國家，我們就目睹接連不斷的災難。

如同黎安友先生在書中序言的分析：「李醫生那張坦蕩而帶着微笑的圓臉，在毛眾多家臣的團體照中，特別突出。他率直的表情、柔和的笑容，和整潔的打扮，在在都掩不住他所受的西方訓練。……使他顯得特別不可多得。……於是他在毛的保護羽翼之下生存。」也許，這些都是他獲得信任的原因，有些時刻連江青也欣賞他（送他布料）。他對江青的診斷，頗有

洞鑒。他提到江青的病症：「江青的精神衰弱完全來自精神空虛，還又怕被毛拋棄的深沉恐懼。江的病狀很特別，怕聲音，怕光線，怕風。這些都無藥可治。」正因深處的不安，也就使她苛待周圍的人：「孤單、寂寞、抑鬱的江青只好把氣全出在服侍她的人身上。」「極度的不安全感使得她待人刻薄、小器。」這些病在文革期間，隨著江青掌握權力而轉移，全都不藥而癒。

他能度過眾多危機，我覺得一部分是他認真接受毛的警告，即使他的親人遭受迫害，他也隱忍不敢求情，「只埋首於毛的醫療保健」。他說：「在中國只有毛有獨立意志。」甚至在他體會了毛的殘暴之後，他也一直保持沉默。李說：「對毛來說，原子彈炸死一千萬、兩千萬人都算不得什麼。所以殺掉幾十萬個右派又有什麼好大驚小怪的呢？」毛就像一個巨大的拖拉機，經過之處，誰都很難保持原狀，有的人心靈扭曲變形，有的粉身碎骨。反對他的被碾成肉醬自不待言，連許多景仰他、忠誠於他的，甚至身邊的人他都不留情，那些他不在意的百姓就不必說了。

我舉個閱讀中印象特別深刻的例證，這個故事我以往從來不知。為了發動文革，毛最主要拉攏的對象就是林彪，但要他合作，卻經過一番討價還價的過程，因為毛必須答應這些條件，林彪才肯就範，張戎提到：「林的死敵是總參謀長羅瑞卿，毛最寵信的人。羅精力充沛，能力過人，毛諸事都通過他。因為林總是處在養病之中，毛給軍隊下的命令，也常常交給羅辦。羅多年負責保衛毛的安全，毛對他完全信任，親切地叫他『羅長子』，說：『羅長子在我身邊，天塌下來，有他頂

著。』『羅長子往我身邊一站，我就感到十分放心。』這樣的話毛是不輕易說的。」

為了遂其復仇的意願，拉攏林彪，這麼忠心的人毛都可以犧牲，結果是：「毛同意了林彪的要價，讓羅瑞卿問題「升級」。三月，突然召開批羅大會，氣氛驟變，人們挨個發言譴責羅為「野心家」、「陰謀家」、「定時炸彈」。三月十八日，羅跳樓自殺。他沒有死，但雙腳粉碎性骨折。自殺成了新的罪名，使他遭到更加殘酷的對待。這位羅長子當然知道，沒有毛的同意，誰能動得了他？那些護衛毛的辯士，真在乎這些血腥的事實？！

III.

在眾多受害者中，知識分子受毛的凌遲、整肅可說最慘烈。因為這些人不只肉體、財產受損，更是在精神、人格上受害深重，在時間上也歷時甚長。至於他為何會如此敵視知識分子，學者有不少說法，一個最常見的是他早年在北京任圖書管理員受到歧視、輕蔑，那些屈辱讓他無法忘懷，這個說法主要是根據Edgar Snow與毛的談話，披露在《西行散記》一書中。還有另一個原因，就是他的傳統帝王思想，李志綏先生談到他對毛的觀察，也證實這種說法。

王來棣先生在一篇長文〈毛澤東的知識份子政策〉中提到，早在1942年開始毛就對知識份子進行打擊。在毛取得政權不久之後，又發動一系列的政治運動，如1951年批判電影《武訓傳》、1951年至1952年的知識份子思想改造運動、1953年批判俞平伯的《紅樓夢研究》、1954年批判胡適思想、1955年製

造胡風反革命集團冤案和肅反運動、1957年的反右鬥爭、緊接的拔白旗運動，直到1966年開始的文革，這些政治運動多數都是針對知識分子而來，而且逐步升級，達到瘋狂之境。

文中透露了一個事件，證實毛對知識分子的敵視。這個事件先出現在魯迅的兒子周海嬰所著的《魯迅與我七十年》，然而書中這段內容卻引起不少人質疑、批判，他們一致認為毛不可能說這種話，是周自己的思想有問題。不久，有位當年在現場的見證人，於2002年發表了一篇文章，證實了這件事，也解救了陷入包圍的周海嬰。事情發生在1957年七月份，反右運動剛過不久，毛和三十幾位文教與工商界的人士會面，對毛而言，因為幾十萬人被打為右派，是他得意飛揚的時刻。在座有位翻譯家叫羅稷南，大膽問了個問題。他說如果今天魯迅還活著，大概會怎樣。毛回答說：「魯迅嘛——要嘛被關在牢裡繼續寫他的，要嘛一句也不說。」

如果魯迅，這位被毛高舉為「最偉大、最英勇的旗手」會有這種結局，其他就自不待言了。根據日後的史料，我們可以預期、推測，魯迅如果活在毛掌權的時代，別說坐牢寫作，他若不是自殺就是被鬥死，更可能會屍骨不存，就算坐牢他什麼也寫不了，只有連篇累牘、喪盡人格的認罪檢討。以魯迅的性格，當他目睹毛的殘酷獨裁，有可能閉口不言？我不信。但讓我感到詭異的是，文革過後多年，連這麼一件可預期的事都有人為毛辯護。由此也可以知道，中國人經過毛多年的蹂躪，然而他的「陰魂依然未散，謊言和鬼話依然大有市場」，作者文末的結論仍然悲觀。

然而若沒有自甘墮落、跟隨風向傾倒，與毛齊心配合的投

機者，他們的處境也不會那樣悲慘。巫寧坤先生的回憶錄《一滴淚》裡，提到不少這類落井下石的卑劣行徑。歷次政治運動中，總有人枉顧良心，污衊告密、羅織罪狀，踩在別人頭上往上竄升。毛發起歷年來的政治運動，就如同精神閹割，不只讓他們受盡屈辱；也讓日後正直的知識人完全噤聲，讓狂暴與殘酷當道。用巫寧坤先生沉重的話說：「一代偽君子和告密者開始毒化民族的道德操守，為以後的政治迫害鋪平了道路。」

知識份子受害的種類繁多，即使是得利者，也是受害者的另類型態，他們的人格在極端的年代嚴重變形。另有一種情況如余英時先生提出的，可算為災難的後遺症，正如那些經過納粹屠殺倖存者的恐懼。余先生說：「一九七八年以來，我曾會見過不少老一代的知識人，而且還包括過去在哲學、史學、文學方面卓然成家者。稍一洽談，我便發現他們在精神世界中已到了方向莫辨的狀態（disoriented）。在三十年以暴力為後盾的不斷『思想改造』下，他們原有的精神自我竟徹底散滅了。」這和王友琴女士提出「右派表情」的說法，有異曲同工之似。

眾多受害的知識份子中，經過死亡幽谷猶能倖存，甚至未因摧殘而失喪人格者，為數不多，《一滴淚》裡有幾個令人動容的例證。但是能給後世留下紀錄，將他們個人遭遇、民族苦難準確刻劃，讓當日瘋狂恥辱的歷程清晰顯影，不只呈現歷史，也見證人性，做為民族共同的記憶，更顯稀少，其價值更顯珍貴。余英時先生對此亦有極深的評價，正如他在新版《一滴淚》的序言中所指出，巫先生的這滴淚是：「中國數以百萬計的知識人『淚海』中之『一滴』。然而這《一滴淚》也如實

地折射出整個『淚海』的形勢」，余先生強調能寫出這樣「心史」的作者，必須具備一項最重要的主觀條件：即在精神和肉體都被踐踏了三十年之後，還能很快地重整旗鼓，恢復了精神上的自我。將巫一毛女士和巫先生父女兩人的回憶錄拿來參照閱讀，我們目睹千千萬萬的家庭橫遭不幸，動盪慘烈，非筆墨能以形容。求生的意志與抗拒滅絕的信仰，雖猶如稀薄微光，卻使他們不致絕望，終能度過黑暗的甬道。

所以章詒和女士在《順長江，水流殘月》裡的序言中沈痛的呼籲，也就顯得特別清晰，她紀念那些知名的右派，還有那些不知名、年輕、受害最深的小右派：「十幾歲就被開除了的學生，二十幾歲就沒了工作的職工……要記住他們！記住他們也就記住了歷史。包括自己在內，我們也都未必敵得過時間的消磨，為了對抗來自天然和人為的耗損，一定要用文字刻寫下來，使之成為民族的記憶。」追憶災難固然痛楚，但這些痛楚的痕跡卻有可能成為療傷的過程，更是一面映照歷史的明鏡。它提醒我們，中華民族不只有輝煌的史籍，也透射出我們民族最黑暗的軌跡。屠殺凌虐我們同胞的，不只是外族，也包括自家人。

IV.

唐德剛先生在他《毛澤東專政始末1949-1976》提出的觀點，是讀毛過程比較有趣的部分，然話語似乎幽默，陳述仍舊沈重。他的分析讓我們理解毛能脫穎而出，處處勝利的因素，從諸多客觀角度探勘毛的特色。他提到中共初創的黨核心原是一個純高知的組織，他舉例說明當時的陳獨秀、李大釗、瞿秋

白、張國燾、周恩來等等都是名士、詩人，不折不扣的高級知識份子，但他們的勾當卻是組織工農群眾，甚至是社會中的流氓地痞等「低知」或「無知」，來從事暴動，其實雙方格格不入。而當時能與下層群眾攪和如魚得水，與上層高知也能混然合流的就是毛澤東。他是兩造通吃，中共高層沒人比得上。

唐先生說得傳神：「做開國之君者要雄才大略，文武兼資。更重要的還需潑皮膽大，心狠手辣；行為上要帶數分流氓，幾成無賴，才能打得江山，坐得第一把交椅；古人說『自古帝王多無賴』，至理名言也。」所以他言而無信是小事一樁，甚麼「言者無罪，聞者足戒」，對無賴而言根本是假話。他原本想靠知識分子進行黨內鬥爭，沒想到這些人言論失控煞不住車。轉眼之間，他把矛頭轉向那些說真話，天真的讀書人，然後把自己掰成「陽謀」，叫「引蛇出洞」。他的無恥之境，無人能及。所以日後他發動文革就不再找高知，而是找容易受騙，更容易搧風點火的低知、無知了。

讀張戎的毛傳，多次我都感到毛能奪得天下，客觀的天意固然難拒，但是主觀條件上，也證明毛的本事無人能及，蔣的確不是對手。唐先生對國共相爭的歷史有段精彩的評述，他覺得對二者褒貶難分，只能談其結果，當然並非所謂成王敗寇的邏輯。他說：「在這種敵後爭地盤的內戰中，國民黨是爭不過共產黨。共產黨起自草根，按農村列寧主義的現代化意蒂牢結潛入敵後，處心積慮，全黨聽命延安，志在必得。而敵後的國民黨則只是一些『雜牌』老軍頭，率領一些近乎烏合之眾的老幼文武，居高臨下。雙方一旦交鋒，那就被摧枯拉朽了。」一個四不像的民主，要和一個槍口一致對外的獨裁政權相比，氣

勢上或士氣上的確是差了一截。

唐先生提到當毛去世的時候，證實了全中國的老百姓都如釋重負，這一則消息頗堪玩味。毛去逝那天，消息傳來，全國各大城市的茶樓酒肆，食客爆滿。但既不吵雜，也不喧嘩，「大家皆若有所思的『喝悶酒』……大家心知肚明，今後至少可享受點，如胡適所說的『不說話的自由』了吧。『偶語棄市』禁令的廢除，可能也為時不遠了。」這個魔王的死，終於暫時解除中國人的災難。

今日讀毛，總難免情緒混雜，總不免懊惱氣憤，又感莫可奈何。雖然毛已成歷史，他造成的災厄也告一段落。但他留下的似乎還難有定論，評價也有差距分歧，這似乎也歷史慣有的爭議。余英時先生在《毛澤東執政春秋》的序文裡，引用一位哈佛大學俄國史專家派普斯（Richard Pipes）的著作：《布爾什維克政權下的俄國》（Russia under the Bolshevik Regime），書末作者提出了一個觀點，就是面對這場空前災難，史學家是否仍該仍該保持冷靜，像科學家面對自然現象一樣，絲毫不動感情？他的答案是徹底否定。作者引用亞里斯多德的話強調：「對於應該憤怒的事情而不怒的人，我們只能以愚人視之。」最後他更提出一個有力的的反面論證：「拒絕對歷史事件下判斷其實也是根據一套道德價值的系統。沉默等於承認一切發生過的事情是自然的，因而也是對的。這是為歷史上所以勝利者做辯解的一種說詞。」我們雖不是史學家，但研讀歷史總不能不觸及良心，不做道德判斷，雖然道德的判斷會造成歷史的盲點，但對這一切殘酷保持沉默，豈能證明我們超脫物外，客觀科學？

記憶的交織與拼裝
——讀幾本1949年前後的中國回憶

　　一個甲子不算短，就在中國熱烈慶祝六十年國慶的當兒，很多人也藉著回憶，搜羅這六十年來的變化，進行整理與重估。透過訪談、閱讀、書寫、拍攝，重回歷史現場，企圖喚起眾多當事人的記憶，將它們組合拼裝，盼望重現當日的景象與心情。以往已有不少人透過書寫的形式回憶那一段流離的歷史，但多數零散，不若今日這樣完整全面。無論回憶、評價的觀點如何，我們身處一個比較寬闊遙遠的時空，比較能跳脫意識型態的趨向，或敵我對立的影響，新的視野逐漸展現。以往成王敗寇的史觀，今天不再支配我們的視野，或說至少它沒有那麼一言九鼎了。我們對兩岸的政治景觀，也有了不同的見解。當年失敗者、逃難者的觀點值得我們重新探索，甚至更顯其價值。物換星移，以往被斥為毒蛇猛獸，被極度妖魔化的概念，今天成了當紅炸子雞。如今中國錢潮滾滾，從老到小彷彿個個都成了「走資派」。套一句王德威先生在《最後的黃埔》書裡的話：「君不見，漢賊早已兩立，敵我正在協商」，誰說得清到底誰才是真正的勝利者呢？什麼才有恆久價值？

　　讓我引述一段話：「他們說最近三十年來，民主政治已不時髦了，時髦的政治制度是一個代表勞農階級的少數黨專政，剷除一切反對黨，用強力來統治大多數的人民。……我是

學歷史的人，從歷史上來看世界文化的趨向，那民主自由的趨向，是三四百年來的一個最大目標，一個最明白的方向。最近三十年來的反自由、反民主的集團專制的潮流，在我個人看來，不過是一個小小的波折，一個小小的逆流。」這段話並非一九八九年的言論，而是出自一九四七年胡適的一篇演講。從《巨流河》裡面，我們目睹抗戰勝利以後政治氣氛急轉直下，學生左傾者甚多。瘂弦在接受龍應台訪問的談話中也表明了那種氣氛，抗戰期間國民政府對流亡學生的設計，還能奏效，響應者甚多，也培養了不少人才。但到了國共內戰時期，就失效了。取而代之的是，共產思想成了時髦新穎，富有魅力的東西。經過幾十年的實驗，這個小小的逆流正逐漸轉向，雖然民主、自由在中國還未具體落實，曾被扣上「美帝的文化買辦」、「蔣介石的御用文人」帽子的胡適，如今評價大有轉變。他的身世、韻事、思想，在中國都成了火紅的題材。

六十年前的政權移轉，無論兩岸怎麼稱呼，淪陷或解放，事實就是撕裂的悲劇。數不清的流血與怨恨，說不完的生離與死別。如同《流離記意》裡表露的情境：「政局動盪，牽動的不只是政權轉移，領土遷易，更是多少家庭的離散流徙，多少人生命的轉折裂變。」妻離子散，家破人亡的故事，在這個大裂變中比比皆是。許多人被迫流亡遷徙，遠離家園，從此失去回鄉的機會，父母亡故無從得知，更談不上奔喪悼念。消息斷絕，嘗試通信者歷經轉折，還要冒通匪的危險。八〇年代中我岳父去世，我處理他的遺物，讀到他和他妹妹的通信，才理解他對家鄉濃厚的企盼。可惜他沒活到開放探親的年代，那個遺憾只能讓我們日後補贖。《流離記意》裡選錄的家書，只能算

是部分抽樣，卻展現了人性共通的需求，給那段錯謬的歷史留下足跡。如書中序言所述：「家書鉤沉往事，召喚記憶，以謙卑的姿態，默默填補了官方敘事的空白，為歷史的鉅變留下見證。」

得有像姜思章先生那樣大膽果決，且採取行動的人，他付出相當的代價，經過各種迂迴曲折的路線，想盡辦法和家人通信，甚至在台灣尚未開放探親之前，就於1982年回到自己老家。他的家人雖歷經折磨，也存活下來了。他幸運見到了家人，日後他和從事黨外運動的人共同推動外省人返鄉運動，促使了台灣方面的開放，許多老兵終能返鄉，但不少人家鄉已人事全非。這本書內的選輯，有些並非當事人親筆，而是後代與親族的代筆，為他們勾勒埋藏多年無以言宣的離散悲歡。

在眾多回憶與敘述者中，有些人處理得比較輕鬆，我想主因是時空差距，也是因為他們從日常生活著眼。不少人以高齡，在他們人生的晚年，透過口述，或親自撰寫，結合當今的網路，讓他們的家鄉與個人生命重新再現。當然他們的敘述比較散漫，觀察相對浮面，卻也能勾勒出一些未知的角落。讀成湯先生的回憶《我曾是流亡學生》，最有趣的部份就是他對家鄉興化的描繪，像在讀民間版的地方志，也是趣味創意兼具的口述歷史。看似平凡，不甚嚴謹，卻拼裝出他所處時空的特色。例如他提到政治局面的動盪，讓許多讀書人失望，所以不少人跑到尼姑庵裡隱遁，一面逃避亂局，也成為他們進修的場域，成為一種特殊奇觀。

書中顯示的氛圍引起我對興化的興趣，在多大（University of Toronto）的東亞圖書館找到了咸豐元年官修的《重修興化

縣志》，成先生的回憶證實了兩件事：一個是興化真是個多水之地，被水重重包圍，城裡水澤遍佈；另一個是本地的讀書人，為官者甚多。只是著名的大儒不多，我只知道鄭板橋是興化人。查閱網路，發現官修的興化縣志就有六種。其中一部是在1943年修的，當時的縣長叫李恭簡，由他主持監修。成湯先生在書中提起這位偽縣長，當時抗日戰爭已接近尾聲，知道大勢已去，也就對他父親的請求積極配合。成先生的觀察紀錄也透露出共產黨在策略上的勝利，不是偶然。興化雖小，也是許多地方的投射。例如共產黨對底層社會的操控，興化當地的乞丐紀律嚴整，組織嚴密。這些因素和共產黨有密切關係，乞丐的頭子成為共產黨的幹部，所以他們對地方上的富人窮人都能掌握，進城之後也能保持秩序。《巨流河》裡也透露學生群體早有共產黨滲透，學生受到影響很深。另外，成先生書中提到兩位到過延安的年輕女子，他們勇敢膽大的行徑，在在都證實共黨的組織嚴密與成功的訓練。

書前有穿插的前言與標題，由作者的女兒成英姝擔任，有段討論回憶的說法頗為有趣。她說人記憶儲藏的方式，有點像我們處理家裡的雜物一樣。有的東西亂扔，有的東西小心收藏，但要找時卻找不到。但有種記憶卻恰好相反：「它們不像放在抽屜的死物，它們像是會活動、生長，它們像腦細胞之間的謠言，逐日渲染。有時連你自己也懷疑，它們是否仍是原來的面貌。」我們的記憶會變形，也就是說它並不十分可靠。連精明絕頂的人都有記憶錯誤的時刻。所以那些記載準確的日記，常能釐清日後混淆的傳聞，糾正不少錯誤。也許我們對自己的父母，不一定當成行道樹，如龍應台所言。也少有人像她

兒子，十九歲就對父母的歷史深感興趣。但我們若有警覺，有點憂患意識，當趁著他們有生之年，趁長輩還有清楚記憶的時刻，傾聽、記錄他們生命的軌跡。如此，或許可以免去日後的懊悔。龍女士個人的感慨，也是我們共有的嘆息。

戰爭爆發，除了直接死亡者，還有戰火蔓延造成的逃亡與饑荒，跋涉途中潛伏各樣不可預期的危險。富有的逃亡海外，有點辦法的可以逃到鄉下，窮的乾脆不逃，只能等死。平常通用的貨幣以不可思義的速度貶值，手上的錢到了下個街口，又是另外的模樣。黃金可以保值，但因黃金喪命者，也大有其人。逃命並不保證安全，過程仍充滿危險。《大江大海》裡有幾幕讓人怵目驚心的悲劇，似乎只能在影片裡見識的情境。一個母親為了小解，擠出車外，停留甚久的火車竟突然開動，硬生生把她和車上的孩子撕開，無論她怎麼叫喊、奔跑都無法讓那列無情的火車停駛。不久之後，類似的悲劇發生在她母親身上，她回婆家衡山準備接回寄居的孩子，但孩子不認她，他們來到火車站，眼看火車就要開了。龍應台的句子讓人感到割裂的劇痛：「她把手伸出去，又縮了回來，縮了回來，又伸出去。」她這一鬆手，就是恆久的隔離，也是日後最深的悔恨。文章開頭的引句，呼應、證實了那種傷痛的時刻。

最讓人震動的一幕，龍女士以默片為我們重現。碼頭上洶湧的人群要擠上船，岸上砲火猛烈，大船無法靠岸、小船擁擠碰撞，驚慌恐懼的場面在書頁裡翻騰：「……水面上，全是掙扎的人頭，忽沈忽浮……每一雙眼睛都充滿驚怖，每一張嘴都張得很大，但是你聽不見那發自肺腑的、垂死的呼喊。歷史往往沒有聲音。」還有「無數的皮箱，在滿佈油漬的黑色海面上

沉浮。」他們身上殘存的產業最終也葬身海底。龍女士簡潔的描繪，讓我體會戰爭最殘忍的毀滅。書中許多段落的訪談與敘述，說明龍女士投注的心血。她帶我們穿梭不同歷史的場景，多次呈現她出入時空的調度與洞若觀火的歷史意識，在在都觸動讀者深處。只是我最感疑惑與痛苦的問題是：「到底中國人受了什麼詛咒？對自己的同胞為何如許殘暴？」這個問題雖早被柏楊提出，卻仍縈繞不已，無法離去。

即使登上救命的船隻，仍不能擔保安全來到。所以1949年1月27日的太平輪船難，叫當時兩岸大為震驚。船上乘客大多是有技藝、有文化、有資產的人士。若不是戰火蔓延，人也不必在倉皇間搭乘超載的船隻逃難，他們也無法預料，逃離陸地的戰火，仍然無法抵擋死亡的召喚。《巨流河》、《大江大海》、《流離記意》等書中都提到了太平輪事件，證實事件震撼的程度。事件也牽連了許多和他們相識，與他們擁有共同記憶的親友。不少名人商賈都和這艘船有關，或者搭乘此輪來台，或者家人成了船難的受害者。有些人回憶，由於這個損失，完全改變了他們人生的路徑。官方記載只有三十幾位生還者，其餘都葬身海底。而受難者的諸多家屬，不只要面對突如其來的噩耗，還頓失經濟依靠。光憑想像，就可體會家屬巨大的憂傷。

猶太人經歷大屠殺的倖存者，不少有類似的反應，他們拒絕回憶，拒絕接受採訪，甚至隱蔽身分，改名換姓，不讓子女知道自己是猶太人。原因很簡單，那個痛楚的割裂太深，超過負荷，所以寧可選擇沉默。但拒絕遺忘的猶太人為數還是不少，所以我們可以讀到他們大量的回憶錄。中國人也有同樣的

情緒，《太平輪一九四九》書中披露，倖存者與受害的家屬經常拒絕採訪。原本答應的，不久又後悔。他們害怕重啟久經封閉的記憶，不願再度面對當年痛徹心肺的場景。我記得陳芳明先生曾說過，喪失記憶並非全是壞事，有些時候人遺忘，反而讓人存活，不至毀於那些錐心的苦痛。

有些痛苦人可能遺忘，但有些罪惡是掌權的人特意掩蓋。龍女士比較了兩座城市所遭的浩劫，一座受到放大重視，各方對南京大屠殺的史料與挖掘與日劇深；但另一座卻遭遺忘，長春遭受令人髮指的謀殺，絲毫不比南京輕微，竟無人留意，連當地人也普遍無知。我想起Ian Buruma在他的《Wages of Guilt》裡披露，日本人強調廣島，而忽略長崎所受原爆的傷害，有其隱晦的政治目的。政治算計仍然處處宰制中國人的生活，包括何者應該遺忘，何者應該清晰的事件。我相信這也是對岸的政權封殺這類書籍的原因，然而黑暗不會因遺忘或掩蓋而消失。只是這些書籍無意控訴，而是回顧共通的人性，悼亡那些曾經遭到犧牲踐踏、死於非命、長期思鄉卻流亡在外哀傷的靈魂。為他們留下記錄，也給後代人提供一面療傷、思考的鏡子。至少，閱讀這些傷痛的紀錄，讓人體會歷史的無情，也幫助我們清醒，有所調適。

像《最後的黃埔》一樣，《大江大海》是本憂傷的紀錄，我信讀者有相同反應。唯獨一本書的故事，讓我深覺文化傳承的希望，值得後代傳頌。一個十七歲的流亡學生馬叔玲決定不再往南走，把帶在她身上的《古文觀止》留給同學趙連發。於是這本書一路被他帶到永州，帶進十萬大山，帶進越南集中營。他們在沒水沒電的越南礦區開學讀書，「這本從河南南陽

帶出來的《古文觀止》，成為唯一的教材。」校長要求學生相互抄寫，還要每個人背三十篇。三十年後，這位張子靜校長把書交給趙連發，對他說：「將來兩岸開放以後，你回老家時，把書帶回去給馬叔玲，告訴她，校長代表全校師生向她表示謝意。」再過三十年，趙連發果然回鄉找到了馬叔玲，把書歸還。龍女士說道：「完整的一本書，沒少一頁，只是那書紙，都黃了。」讀到此地，我總體會，政治雖然動亂，人可能因戰火流離飄散，但文化的薪傳不能斷絕，這個故事展示了傳承的意義。人的生存，血脈的流傳，需要文化的參與才能持續，才有珍貴的意義。

毀壞的年代
——讀兩本1933年的回憶錄

　　如果說1949年是近代中國人被撕裂的分水嶺，那麼1933年對德國人來說就是個毀壞的年代。關於納粹德國的出版，相關的報導與探索，各種角度的研究，幾十年來一直沒停過，像個無底洞一般，愈挖愈多，也越來越深。但我總不完全明白，納粹興起的時空背景如何？為何毀滅的力量如此巨大？是什麼原因讓他們要徹底毀滅猶太人？雖然近年涉獵的書籍總能呈現觀點，提出某些立論，解除一點迷惑。有些答案並不難尋找，尤其是有這麼多史料的挖掘，總有奧祕之障，非讀者或研究者得以輕易窺測。

　　最近讀到的兩本書，書名有些關連，處理的都和這個毀壞的年代有關：《一個德國人的故事　哈夫納1914-1933回憶錄》（Geschichte eines Deutschen: die Erinnerungen 1914-1933），作者是哈夫納（Sebastian Haffner）；另一本是《納粹上台前後我的生活回憶》（Mein Leben in Deutschland vor und nach 1933），作者是洛維特（Karl Lowith）。兩本書有些相似的特色，他們二人的回憶錄都是遭到遺忘多年，在過世之後，家人整理遺物，才重新發現，然後出版。洛維特的回憶是因應美國大學的徵文而作，卻未能應選，而遭擱淺；哈夫納（S Haffner）的書寫也是因為流亡英國，試圖應付經濟拮据

時所撰的回顧，也沒有正式出版，所以作品讀來還有未完的痕跡。他們的背景略有不同，但卻有些交會。哈夫納血統上是雅利安人，但卻愛上猶太女子，這迫使他流亡英國。而洛維特是猶太人，曾經為德國參與第一次大戰，他的妻子是雅利安血統。他流亡的歷程複雜的多，先到義大利，再到日本，末了到了美國。最後，他們雙雙都於戰後回到德國，卻未曾出版這些記錄。事過境遷，他們的遺著並未退色，閱讀間常能讓人感受當年記憶猶新的觀察與感慨，準確勾勒狂暴年代的種種嚴酷，提供我們認識納粹形成前後的新鮮視角。這兩本中文譯本都由德文直譯，註解都很多，是認識書中背景不可缺少的部份，常顯示我對其中歷史與人物的陌生。

　　哈夫納的提法就是要讓讀者體會，納粹的狂暴就是第一次世界大戰未完的延續。他說到大戰期間，他和許多同輩的孩子們目不轉睛注視戰情變化。也提起1924-1926年間德國的體育狂熱，那幾年以內，體育俱樂部和運動會的觀眾人數暴增十倍以上，拳擊手和短跑選手成了民族英雄。作者對此有深刻觀察：「現在體育報導扮演的角色，與十年前的戰情快報有著異曲同工之妙，過去的俘虜人數和繳獲物資的總量，現在變成了各項記錄和賽跑成績。」而哈夫納正是那批第一次大戰期間，緊盯著戰情快報，隨之起伏的一代。體育狂熱是當年戰爭尚未結束的後續、延伸。這個空氣讓左右兩派陷入同等狂熱，哈夫納深知「好戰的天性並未『宣洩出去』，反而在蓄勢待發之中。」各種類型的狂熱，接連著驚人的通膨，結合合約帶來的強烈羞恥與憤恨，都為納粹壯大形成溫床。這個觀察是我以往不認識的，卻是一個重要因素。

　　洛維特回憶1922年他開始寫博士論文的時刻，提及當時德國有股下墜的風氣：「是一股席捲一切的貶值風潮——不只是貨幣的貶值而已，而是一切價值的貶值。」他把1933年這個年代稱之為政變，而第一個要素就是大戰，第二是通貨膨脹。這也是哈夫納回憶中經常討論的說法，他提到：「德國中產市民的美德在當時被洪流沖走了，而這股汙穢的洪流裡夾帶著的運動力量，在希特勒身邊排成了戰鬥的隊形。」愈是凌亂絕望的年代，人愈有盲動躁鬱的憧憬，於是，狂人的出現也就愈能投合這種期待。希特勒就像個黑暗的閘門，匯聚狂暴的巨流，又使它演變成災難。

　　我們都知道，納粹上台並不是以暴力奪權，而是透過民主選舉。從《希特勒草莓》裡的記載我們得知，1928年的帝國議會選舉當中，納粹得票率只有2.6%，但是四年以後——就是1932年，納粹的得票率躍升為37.3%，頓時成為德國第一大黨。這其中的演變，到底是怎麼回事？其中必然有些奇特的原因，甚至是難以言宣的奧祕。我讀到一段納粹成功的因素，它策略的運用，也許不能得出納粹成為大黨的因素，但可以看出納粹軟硬兼施的手段，特別是努力爭取年輕的選票：「他們針對社會民主黨人、共產黨人、猶太人以及其他所有不願順從，不願與之同流合污者，進行恐怖與暴力統治；……希特勒尤其懂得吸收青少年與其站在同一戰線，野外偵察遊戲、行軍、露營、假期遠足，」他們舉辦各種戶外活動，吸引青年人參與，這是納粹吸引年輕人的手段。

　　哈夫納在書中68頁有一段對德國士兵的描繪，非常傳神，以往我只知道德國人善於貫徹軍令，但不知他們的民族性有這

麼一個猥瑣的角落：「德國士兵和軍官在戰場上都勇不可當，這是毫無疑問的事情。縱使政府要求他們向自己的平民同胞開槍，他們幾乎也永遠會服從這樣的命令。但如果要他們起而反抗當局，那麼他們就會膽怯得像兔子一樣，反抗的念頭才剛剛冒出來，他們就會像著魔似地，眼前立刻浮現一個槍決行刑隊的恐怖形象。」也許我們都知道，也同意德國人之所以能橫掃歐洲，就是因為他們驍勇善戰。但他們對權威的畏懼，對既成法條的遵守，也是獨裁者得以存在鞏固的原因。他們對外人可以無限凶殘，但對權威篤信不移。滅絕猶太人是執行最高領袖的命令，但卻不能也不該懷疑領袖的動機。我也從別處得到印證，在《萊茵哲影》裡，作者也提出不少德國最富原創，傳世豐碩、影響力深厚的文人、哲學家也都有這種傾向。他們對政治權威的敬畏、順從，和我們對當今公共知識分子角色的認識，極端相反。

　　洛維特提出諸多例證，因他所處的學術環境，讓他的觀察很具說服力。他曾是海德格的學生，和他關係匪淺，在書中他花了相當的篇幅，評述、批判海德格的人格與學術，他的敘述與觀察呈現出海德格與納粹多有契合。幾年前我讀到一位美國學者沃林（Richard Wolin）的著作：《海德格的弟子》（Heidegger's Children），當時我對海德格與阿倫特（Hannah Arendt）之間的糾葛很感興趣。書中有一章專論洛維特的背景與學說，那是我第一次讀到這位猶太背景的哲學家，但讀得一知半解。書的封面引用了一段話，是洛維特對海德格的評述，由此可看出他對學生的影響與吸引：「海德格在我們同學間有個別號：梅斯基希的魔術師……他是個矮小又黝黑的人，懂得施展魔法……他講課的技術主要是先蓋起一座思

想建築，然後又親手把它拆掉搬走，以便將全神貫注的聽者置於一個謎團之前，讓他留在一片空虛裡面。這樣施展魔力的技術有時也會造成令人非常憂慮的結果，因為這或多或少容易吸引精神上有病態氣質的人：一位女學生在聽了他三年的謎語之後，竟然自殺了。」這段話原來就出自洛維特的回憶錄。

譯本在註解中特別提及了兩個錯誤：一是沃林著作中引述的話，最後一句是這樣：「有個大學生（阿倫特）還搭上了她的一生。」譯者指出這句話是個誤譯，德文的原意是自殺。第二是作者本身的錯誤，阿倫特雖因不倫戀情日後受到傷害，但她並未自殺殉情。這也顯示洛維特當時對他同為猶太人的同業不太認識。

納粹掌權之後，以進步自詡的知識人紛紛噤聲，不敢說真話，有些紛紛見風轉舵、或逐漸向權勢靠攏，成了投機者。他的大學同事，還有相近的同代人、好友、同學，對納粹、領袖、種族政策的傾倒、服膺，甚至以扭曲的理論高舉納粹的政策，都呈現同樣的面貌。1933年納粹掌權之後，也加速對基督教的滲透與掌控，七月間的教會選舉，幾乎讓所有新教的團體都變質。當時主張所謂的雅利安人條款，還要廢除舊約聖經。荒誕與醜惡的歪風竟然連教會都要染指，但還有少數人堅持了信仰，對抗這股歪斜的力量。洛維特提起這些神學家的名字：布特曼、卡爾巴特等人。一切都在變形扭曲，連教會都不例外，只有相對的少數堅持原則，敢於表示他們相反的意見，這些人至終只有選擇流亡，否則就可能成為烈士。

我們不一定對德國文化的精髓或內涵有深入認識，然而不能否認德國出產了諸多重要，影響力深厚的哲學家、科學家、

音樂家等等。至少大家都聽過，甚至讀過他們的名聲、作品。
許多人都有相同疑問，文明精湛的德國，怎會產生納粹如此充
滿毀滅性的殘暴政權？提出解釋的不少，我們也許略知一二。
Peter Gay在討論威瑪共和的時候，提出了這樣的說法，和前面
的見解有些許呼應，這裡有兩種德國的存在：「一個是瀆武好
戰的德國，完全卑微臣服於權威，致力於侵犯他國，同時強烈
拘泥於形式；另一個則是抒情詩般的，人文主義哲學的以及世
界大同的德國。德國曾經嘗試走俾斯麥和施利芬（Alfred von
Schlieffen）的路線，現在則是走歌德和洪堡（Alexander von
Humbolt）的路線。」威瑪共和走的是抒情詩般的歌德路線，
文化璀璨的威瑪，雖然創造力充沛，但兩本回憶錄筆下都透露
出政治紛亂、懦弱，經濟動盪、疲軟之狀，甚至暗殺頻仍。這
個溫和的共和路線，顯得脆弱無能，所以短命正可以預期。因
為好戰的德國：鐵血當道、效率鮮明、口號激昂、行動迅速，
比起軟調、抒情的德國更孔武有力，且能解決屈辱的問題。只
是他們沒有預期，這個充滿殺戮亢奮的政權會把他們帶到滅亡
之境。

　　上述的陽剛精神也是哈夫納所描繪的「同志般的生活」
（非同性戀），一種屬於戰爭的產物。他強調這類集體意識，
思想缺乏立足之地，存在的是群眾的原始妄想，他回溯他幼年
以及青少年時期那種集體狂熱，正是這種同志化狀態的表現。
所以納粹上台之後，將此強加於百姓，德國人的反應是普遍接
受，根據哈夫那的說法，是因為德意志民族缺乏「塑造個人生
活，追尋個人幸福的生活」的養成。在洛維特的記載中也透露
相同的概念，德國文化太過陽剛，缺乏舒坦的人性。他特別透

過和義大利人的民族性，比較其差異，洛維特曾兩度居住在義
大利，一次是戰爭被俘，一次是流亡避難。兩次的印象都比他
在德國的生活要美好的多：「對義大利人來說，法西斯主義的
選戰口號『信仰、服從、戰鬥』只是一個修辭的口令，笑一笑
就不會放在心上了；對德國人來說，希特勒所說的『我的意志
就是你們的信仰』，則是一句意義深邃，必須以義務視之的命
令，然後再通過博學的德文學者的幫助，把命令詮釋為『追
隨』、『忠誠』、『準備犧牲』。」也許洛維特目睹太多德國
文化負面的陰暗，他甚至說「德國的美德很容易招致怨恨，義
大利人的狡猾則甚至可以贏得欺騙者的心」。藉此我們可以理
解，為何法西斯在義大利的災害不若德國那樣具有毀滅性。

　　納粹的災難過去六十年了，大家還有同樣一層疑惑，這
樣的事還會發生嗎？洛維特經常在回憶錄裡提出一個詞叫「振
興」，這個振興不是給德國帶來幸福與希望，而是充滿了仇恨
與排擠，帶來難以估量的災厄。盜賊仍然會來，以不同的面貌
光臨塵世，繼續偷竊、殺害與毀壞。也許規模不若納粹，但原
則卻是相同。這六十年來，許多的屠殺、迫害、羞辱、鬥爭，
不是都充滿了冠冕堂皇的「振興」嗎？結果帶來了什麼？我們
安靜思索，就能得知毀壞的年代不只發生在1933年，也在將
來，只要我們相信盜賊的謊言，提供他們發展的土地。

憂患夜鶯
——讀齊邦媛《巨流河》

　　我第一次知道鐵嶺，是從東北人推薦的電視小品上，如今眾多大陸的中國人都知道，諧星趙本山口中的「較大的城市」是什麼意思。讀《巨流河》的當兒，我才發現，這座齊邦媛女士筆下的紙上故鄉，也曾經擁有過諧星之外，嚴肅而憂患的人物。

　　巨流河，這條大河的意象，從六歲開始就成為作者割裂原鄉的起點，他們一家由此展開了流離顛沛的旅程，書末她來到啞口海，一個讓喧囂沉默的角落，在那裡遙望故鄉，作為回顧一生命運的呼應。故鄉的概念，到了人生終點，就不光是誕生地的講究，也是精神歸宿的所在。

　　我想起有次在多倫多一所大學裡辦事，主事的小姐有股奇特的口音，詢問之後知道原來她從立陶宛（Lithuania）來，當下我提起誕生在立陶宛的Czeslaw Milosz。他雖是波蘭詩人，晚年都在美國度過，卻由於名聲，產生了歸屬的爭議。從出生到過世，那些流放的歷程，經過的地區與國家，日後累積的評價，都會產生後續反應。也許有一天，鐵嶺人會以齊邦媛女士為榮，因為文學比政治、流行都要走得更深遠，更經得起時代的沖洗。這也是齊女士在書中展現、堅持不輟的精神。

　　齊女士的回憶讓我們體會，戰爭死亡的威脅雖近在咫尺，物質嚴重缺乏，但求生的意志卻更顯頑強。還有求學的快樂、

真理的探詢，對美的體會，未被轟炸斲喪，反而是大戰期間最珍貴的記憶。如同何兆武先生《上學記》裡記述的大學生活：思想的自由、閱讀的豐盛、名師的啟迪、同儕的鼓勵等等，都成了日後難忘的經歷。故事地點不同，一個在昆明，一個在樂山，但求知精神卻是同等寶貴。不同的是《上學記》的幸福只到大戰結束就截止，《巨流河》卻繼續奔流。島嶼邊陲雖備受孤立，飽經衝擊，但她的學術精神卻能在那裡繼續擴大發揚。

戰亂緊迫的年代讓她目睹一種景象，就是在逃難與戰事進行中獻身教學的老師，他們代表了中國的希望，給她最深的啟迪，也影響她日後的道路。他們傳授的知識與價值，讓弦歌不輟，促使她們早熟，也砥礪她們奮進、抵禦的品性與意志：「我今天回想那些老師隨時上課的樣子，深深感到他們所代表的中國知識分子的希望與信心。他們真正的相信『楚雖三戶，亡秦必楚』除了各種課程，他們還傳授獻身與愛，尤其是自尊與自信。」

書中還有一個讓人熟悉的場景，地點不同，意識形態迴異，但作者當年目睹的醜惡形跡，與苦毒心態卻是一樣一式，換湯不換藥。1943年戰爭還未結束，校園裡的政治鬥爭，已經熱烈展開。她拒絕參與共黨外圍的讀書會，旋即因她特殊的背景，對文學的熱愛，轉而成為她的罪名。那些惡毒的攻訐竟出自熟知的同學：「權貴餘孽」、「不知民間疾苦」、「沒有靈魂」，讓她第一次體會政治的可怕與謊言，也讓她終身不涉入政治。外族侵略固使國家無法安寧，但人民卻能同心齊力抗敵，但內鬥卻使國家虛懸消耗，終致分裂。可笑的是，今天中

共已經逐漸擺脫遠離的政治語言，竟在台灣熱烈流行，成了家常便飯。這豈不是中國人最深的咒詛？

從抵達台灣，面對物質依舊缺乏的年代，她就如此自許，那應該也是他們抗戰精神的延伸：「而我，自台中一中開始教書，一半在台灣為人處世，處處都有俯首在那小書桌上刻鋼板的精神。」齊女士的刻鋼板精神，正是培育人才的精神，也是台灣逐漸振作的根據。她和當年諸多跨海而來秀異的知識份子，以不同的途徑，投入不同的領域，建設台灣，作育人才，讓經濟逐漸起飛，讓台灣成為現代化的國家。《巨流河》的歷史場景在在顯示，一個落後國家要脫胎換骨，正需要諸多像齊女士和她丈夫這樣具有使命的知識人，夙夜匪懈，兢兢業業。她的夫婿從事鐵路建設，她投身樹人工作。那些具備人文視野，涵養務實精神的許多知識人，藉著學習逐步累積建設的經歷，同心協力，使得台灣開脫第三世界的狀態。

書中見證也記載那個政治掛帥，封閉沈悶的年代，如何散佈四周，宰制文化的面相。同時我們也目睹開放的歷程由來不易，這不光是那些從事政治運動者的貢獻，也是許多像齊女士這樣深富文化品味，堅持理想的學者，嘗試衝撞禁忌，打開意識型態的阻塞，留下的軌跡。當然她們得付出代價，因為迎面而來的政治風浪，有可能打得他們搖搖欲墜，住進惡名昭彰的「保安大飯店」，甚至滅頂，消歿於白色恐怖的墳塋。所以她自嘲那幾年身居國立編譯館，是她的「壯膽研究所」。

她表面柔弱，卻內心堅毅，時代與家傳賦予她某種韌性，使她創造了有目共睹的成績。特別是她在國立編譯館任職，擔任人文社會組和教科書組的主任。國中教科書在她的創意視

野調度下展現新貌，不只得到讚譽，更嘉惠當日難以數計的學子。書中披露的事例讓我想起《美國精神的封閉》裡表述的一個重要精神，就是民主制度並不能代表一切，它必須具備一種健全的文化精神才能良性運作。今天臺灣政治雖百無禁忌，號稱民主，惡質的攻訐扭曲毀謗，充滿「聲音與憤怒」，缺乏的不只是堅實的法治基礎，更是那種健康的人文精神。

六十年，也許是一個不錯的站口，由此探勘歷史分裂後續的種種。正如齊女士在序文裡指出的，猶太人書寫那些屠殺的種種回憶，成百成千，但中國人經過深重的死亡、流離與苦痛，但血淚化成的文字卻是那樣稀薄，遠遠不成比例：「一九四九年中共取得政權，正面抗日的國民黨軍民，僥倖生存在大陸的必須否定過去。殉國者的鮮血，流亡者的熱淚，漸漸將全被湮沒與遺忘了。」齊女士回望家人與自身遭遇的記述，也是對那段憂傷歲月的重估，抗拒歷史殘酷的遺忘，也給諸多為那塊土地拋顱灑血的人留下一點記錄。歷史功過不只是成王敗寇的判定，齊女士的書寫為我們提供了一種更貼近人性，更寬容的視野。

回憶家國這幾十年來翻天覆地的變局，作者感嘆良多。她回顧當年的同學，有一番特殊的沈痛：「半世紀以後，隔著台灣海峽回首望見那美麗三江匯流的古城，我那些衣衫襤褸，長年只靠政府公費伙食而營養不良的同學力竭聲嘶喊口號的樣子，他們對國家積弱，多年離亂命運的憤怒，全部爆發在那些集會遊行，無休止的學潮中，最終拖塌了抗戰的政府，歡迎『共黨』來解放，他們的欣喜，事實上，短暫如露珠。」就像世界各地種種名目的革命一樣，他們推翻了一個討厭的政權，

對之口誅筆伐，心想革命成功一切都變美好，沒想到取而代之的是一個更殘暴的政權。而更悲哀的是，和她同教育，充滿理想抱負的人，「幾乎一整代人全被政治犧牲了」。那不光是家國的損失，更是對人性普遍的踐踏。

齊女士對台灣文學特有的貢獻，台灣的學者、作家早有肯定。台灣文學得以登上世界文壇，齊女士和許多有心人的戮力與心血功不可沒，從書中我們也能領略其開拓的孤寂與艱困。我特別喜歡齊女士為台灣文學所下的定義：「自從有記載以來，凡是在台灣寫的，寫台灣人和事的文學作品，甚至敘述台灣的神話的傳說，都是台灣文學。世代居住台灣之作家的當然是台灣文學；中國歷史大斷裂時，漂流來台灣的遺民和移民，思歸鄉愁之作也是台灣文學。」依此類推，那些遠離的居民，卻仍心懷島嶼，輻射、抒發之各類的文體，豈不也是台灣文學的一部？

作者自承太早讀了許多好詩，眼界日高，讓她自知才華不夠，所以不敢下筆寫詩。然而她一生吟詠，如同一隻在溫柔之夜啼叫的夜鶯，以澄澈的音色，為自己尋找定位，對抗死亡與破敗的憂傷，也撫慰、導引、鼓舞那些戰後出生，在迷茫中探索的學子。她的回憶透露憂患的色澤，洞察虛假，以沈靜從容的語調檢閱生命。《巨流河》給我們看見一個老邁、清醒的靈魂，回顧她自身艱困的養成，也感嘆自己家國的苦難。她的故事，讓我們看見一個民族受苦與成長的縮影。

求學的幸福
——讀何兆武《上學記》

　　很多時刻，讀到精彩的著述，就像聽人說書，故事如行雲流水，起承轉合，生動有趣，觀眾聽了出神，不知不覺間也溶進故事的情節，捨不得抽身。可惜的是，故事總有終點。眼見頁數愈來愈稀薄，故事愈來愈靠近終點，不免感到可惜，甚至覺得依依不捨。近讀何兆武先生的《上學記》，就是這等感受。他回溯早年的求學生涯，雖然曲折（他在聯大讀過四個系，不是死當，而是興趣轉換），卻常讓我覺得春風拂面的歡悅，原來求學生活可以如此幸福。

　　何兆武先生的《上學記》，是本透過口述的回憶錄，時間止於1949年。採訪者文靖女士花了兩年時間才完成此書，另有《上班記》尚未發表。我猜想時間尚未來到，有所顧忌，也許日後才能公開。閱讀本書，讓我想起唐德剛在哥大所作的口述歷史。雖然何先生名氣遠比不上胡適、李宗仁等人，但內容精彩、引人入勝之處，常讓人停駐回味，同時也為近代中國崎嶇多蹇的路程嘆息不已。

　　書中何先生回顧他求學的歷程，最主要分為兩段，一段在他初二到高一的三年；另一段也是本書最主要的內涵，是他在抗戰期間的七年。西南聯大的生活雖艱苦、缺乏，卻是他人生最精彩而幸福的七年。

遍及全書最深刻也是最有價值的，就是作者提及當日校園裡自由的空氣。抗戰期間似乎是封閉嚴酷，但事實剛好相反，這卻是他有生以來，精神最自由的時期。日後，他成為大學教師，在學術單位任職。書中呈現的聯大校風，也是他多年來從事學術研究深刻的期盼：「學術自由非常重要，或者說，學術的生命力就在於它的自由。不然每人發一本標準教科書，自去看就是了。……老師的作用正是在於提出自己的見解啟發學生，與學生交流。」作者說那時候沒有標準教科書，考試也沒有標準答案，每個老師也沒有統一的教學法。但自由不代表散漫、放肆，更和今日鬆散、逸樂的傾向完全不同。

　　這種自由不只反映在教師的授課講學上，也顯示在學生對知識與真理探求上，甚至由他們廣闊的涉獵可見一斑。作者在書中常提及涉獵的書籍，無論是自然科學或人文哲學，提到他受到的啟迪。最精彩的部分就是，他與同輩在各方面的切磋交流。他們對人生、學術、真理、政治等等層面，幾乎無所不談。他們閱讀的廣深，恐怕不是今日的學子能以企及。學科學的人，人文素養深厚，學人文的學子，對科普著作也多有涉獵理解。所以，日後聯大產生了不少貢獻卓著的人才，證實了這種自由空氣對學術的益處。

　　當然，我們也得承認，當日的昆明是個特定時空，供人玩樂或閒盪打岔的事物不若今天肆虐，雖偶有戰爭的威脅，但總能傾心專注於學習，心無旁騖。再加上大學內自由閱讀的空間，既無閱讀或政治的禁忌，也無意識形態干預。作者回憶當時圖書館開價式的便利，是四九年以後從未享受過的。於是悠遊書海，向各種古往今來的大師直接求教。他們是當時的頂尖

學子，自由空氣提供了他們心智成長的沃土，加上師友之間多方互動、啟發、鼓勵、交會，促使他們的才華得到結實深刻的發展。

讀了本書我才知道，西南聯大由三個學校組成：北大、清華、以及南開大學。這三所大學的學生，逃難來到西南邊境，在此匯聚的也是中國最著名頂尖的學者、教師。抗戰時期環境艱難，物質缺乏，然而稀奇的是，那裡洋溢的自由空氣，卻在近代中國歷史上綻放奇彩，產生諸多獨特成就。

過程中，心裡浮顯了陳平原先生心中規劃的大學藍圖：「在我看來，理想的大學應該是為中才設立規則，為天才預留空間。不因追求管理方便而一刀切，也不因標準化教學而「取長補短」，讓不同性格與才情的學生都能得到充分的表現，需要名師之胸懷坦蕩，更需要作為整體精神氛圍的『兼容並包』。」依此，我們似乎目睹抗戰期間的西南聯大，已在某些程度上超越了陳先生描繪的理想氛圍。

作者本人服膺一種讀書論，我覺得頗有價值，很能給今天連求學都以功利掛帥的人，一點不同的參考，也是讀者一個獨特的向度：「讀書不一定非要有個目的，而且最好是沒有任何目的，讀書本身就是目的。讀書本身帶來內心的滿足，好比一次精神的漫遊，在別人看來，遊山玩水跑了一遍，什麼價值都沒有，但對我來說，過程本身就是最大的價值，那是不能用功利標準來衡量的。」在我來看，這種閱讀就是幸福所在，收穫反而更大。由此可以體會，過多注意現實功利的教育形態，可以產生許多技術人員，卻培養不出具有遠見宏觀，具備深厚素養的人才。

書中作者回憶多位聯大難忘的師友，回憶多於評論。而一旦涉及臧否人物或評價時局，就不免觸及國共時代統治的比較。許多人物的悲劇，常是時代的悲劇，這些優異的人才，在時局變動間，常受到政局殘酷的播弄。連他自己的幾位姊妹也都是政治變動的犧牲品。作者無意討論政治，但對國民政府在抗戰後期的腐敗狀態，多所描寫，讓我們認識當日的狀態。向來，他總和政治保持距離，所以對政治的描繪也是客觀冷靜。政局改變的新中國與舊社會的諸多優劣，透過作者不帶偏見，誠實澄澈的比較，讓我們清晰目睹，不為撥亂反正，而是為歷史留下紀錄。這也讓我輩認真思考，所有宣傳的說法，都必須通過時間與事實的考證，才有真相。

　　到了二十一世紀的今天，作者能如此自由坦露心聲，說出心中最誠實的表白，不必害怕封鎖或干擾，或遭遇禍害，至少那些生怕株連的恐懼已不再復返。雖然這離真正的民主自由還有一段相當距離，但能在作者晚年的時光，傾聽他珍貴的求學經驗，也是我們讀者幸福所在。

家族樹的蔓延
——讀太座族譜

　　家譜，在英文裡也可稱做Family Tree，就像一棵倒著長的樹，底端可以無限延伸，只要人類不滅亡。但頂端是樹的根源，卻不能和下面對映。我們不能有兩個以上的根源，只有一父一母，乾的義的全不算。但如何定位那個起點，卻大有講究，那就取決於制訂家譜的人，他們得安排一個重要的起點，然後讓這個起點蔓延，往下生長。或者是個名人；或是這個家族重要的人物或那個人曾有重要貢獻。

　　小時候聽我祖父提起，我們的祖輩在明末跟著鄭成功來台，先是在將軍一帶登陸定居，然後才逐漸遷徙到台南市安南區一帶，我祖父和父親都生在台南的「十二佃」，由名稱就知我的祖輩們世代務農，而且是做佃農，一直到台灣光復之後遷居高雄，我的祖父才真正轉業。日後讀書才知道，原來早期大陸移民台灣，大約有三波熱潮：第一波在明末天啟及崇禎年間有一批，主要是漳泉兩地的貧民；第二波在鄭成功的時代；第三波是在台灣被清朝征服，開放海禁之後，這一波移民人數達數十萬。算來，我的祖輩抵台已有三百多年了。我對自己家譜的認識只到這個地步，就停住了。近年我對家譜的興趣，是因遷居美國，從我妻子身上展開的。

我妻子的親族來美多年，雖未落葉歸根，但越到晚年越覺尋根之緊要，藉製作家譜表達飲水思源的追索。我們先後取得的兩本家譜，仔細閱讀才知1984年間印行的版本是我岳父衛長輩之命編撰的。兩千零四年擴大的譜系表，也是根據前版擴大整編而成。家譜前言有段深遠的感言，今日讀來感觸尤深，王心錦先生（就是我岳父的長輩）說：「滄桑世異，昔者聚族而居，今則四方分散，更有僑居異國、海外謀生，此表分致族眾，俾後世子孫，起追本溯源之思，知來知有自，因而重振家聲，光前裕後焉。」

這本家譜如序言所示，讓我感到滄海桑田的變幻。多年前我們拿到王氏家譜，注視王家後代在各地散居，如枝條蔓延，感到時空距離轉變的劇烈。閱讀家譜使我們得知王家後代四散各地的蹤跡，許多已經移居北美，歸化美籍或加籍，甚至還有遷居德國的。至於在北美生長的新一代，不少人和異族通婚，有的早已外黃內白，他們的認同轉變，已非傳統家譜能以界定規範。家譜到了我們手中，並非重振家聲、光前裕後的期盼，體會和興趣總和上一輩有點不同，我們尋根不深，而是對它往外的蔓延充滿興趣。

如今，家譜傳達的血緣關係和產業繼承的傳統價值對我們而言，已經失去意義。而且，這個存於紙上的宗族記錄，在我們眼中只是一種抽象的連結，除了極少數，彼此之間並沒有真正聯繫，人的關係隨著空間擴大、時間區隔愈來愈疏遠。人也許能據此推算關係的親疏，卻不一定來往。工商社會的忙碌，也加深生疏的距離。所以樹雖繼續擴大膨脹，但那種生長恰如地球的經緯線，只能算是一種假設的存在。

　　後世的研究者認為家譜作為一種歷史文獻，有幾方面的意義：首先，對於古代人物的理解，具有研究價值。第二，對於人口研究，有重要的史料價值。第三對於移民研究，提供了第一手資料。第四，對古代宗族制度研究，也有參考價值。然而對我們來說，除了知悉家族變遷，家譜展現意義，還是從我們的旅程開始。

　　近年來有機會訪問各地，或公或私，我們都把家譜帶上。於是，我們按譜索驥，攀親拉戚，主動認識那些在家譜中出現，卻尚未謀面、抽象的「親族」。有趣的是，我們如此冒昧的舉動，並未遭致厭煩或拒絕，多數我們得到了熱烈的歡迎。我們在北美各地，東西南北都找到了親人，也在中國大陸各地的大城小鎮，結識了不少王姓親族。王氏的家譜裡記載了明末張獻忠的暴亂，幾乎讓河南商城的王姓族人損失殆盡。閱讀家譜也發現，共產黨奪權，也讓王姓家族像許多人一樣四散，離鄉背井，或逃亡或被強迫安置，丟棄了原有家業，重新尋找新的家園，今日留在商城的已為數甚少。用一個流行的說法，這本家譜裡也顯示了一個微型的Chinese Diaspora。我們也可以說這個小型的家譜，已經顯示巨大的移民變遷。

　　也許，我多次思考，我們這一代移居北美的華人，仍習慣使用華語，具備某些傳統思維，才對這本傳統家譜猶感興趣。新一代的人不知要經過多年，在異地或產生認同危機，或有強烈尋根的興趣，在他們生命中的某一天，才可能會以生長地的語言，創造自己觀點的家譜。或像Iris Chang或Amy Tang那樣的美華作家，透過文字重探他們的華族根源。我們站在一個臨

界點上，瞻前顧後，前有古人，後有來者，至少家譜為我們鋪陳了這種觀看與探索的意義。

記憶與旅程的延伸
──讀納博科夫《說吧，記憶》

讀別人的家世遭遇，難免也勾起自家的記憶。

我想起了祖父成婚的故事，這則往事我記憶最深刻。祖母嫁給祖父的時刻，發育尚未完成，祖父說他等了一年之後才能和她真正同房。他用了一個說法叫「逗陣」。祖母姓郭，單名一個「廩」字。這個字常讓我想起中國人以食為天，抵抗饑荒的經歷。也許那也是我祖母命運的投射，期盼來日能有糧倉充足的供應。正因為營養不良，才讓她的青春期延後降臨。但真正讓婚事緊速進行的原因，卻是我祖父一次奇特的行徑。我祖父年輕雖求知心切，卻無法受教育，這是他對他父親最深的怨言。日據時代他有次嫖妓，還將朝鮮女郎的小枕頭帶回家中。事件讓我的祖輩深感不安，於是，婚事就這麼匆匆成就了。

可惜，我從未深入細節，也缺乏虛構故事的能力，不知親事如何進行。巧的是，我剛發現，我祖母和納博科夫都在同年過世。納博科夫的生日和莎士比亞同一天，我和T.S. Elliot同日生，這也算我的新發現，也許這讓我和詩人有那麼點千絲萬縷的關係。

但納博科夫是何等幸福，不止他精彩璀璨的童年，連他兩度因政權更替的流亡，雖然帶來損失與鄉愁，日後卻都成為他廣袤的資產，成為他探索、延伸的繼續。讀他的回憶錄，雖

有感傷，卻不曾感到他自怨自艾的口氣，未曾為他家業離散悲傷。流亡反使他擁有更開闊的空間，更多捕蝶的機會。但小人物如我的家族，生命無奇、閱歷平淡，終其一生連受教育的機會都稀有，難得體會美的意義，也難能將他們一生悲歡的遭遇書寫成文字。

我們生在一個貴族世襲已成古董的時代，對那些生在世紀交替的沒落貴族，大致沒甚麼酸澀妒嫉，也無欽羨仰慕。他們可能是笑柄，或飯後的話題。而我反有新鮮的好奇，對他們的私人教育、失落情緒，還有他們如何處理餘存的輝煌，將其化為懷舊美感，深感興趣。

幾年前，我第一次讀《Speak, Memory》，頭一章就讀得吞吞吐吐，讓我停止了多年。今年四月我在多倫多大學校園的回收桶裡，撿到了一本破舊的paper back，1951年代出版的《Speak, Memory》。六月中旬，朋友從台灣給我帶來一本中文譯本，我讀了第一章，在芝加哥的機場。再度擱淺了半年。十一月底再度訪問芝加哥，我重拾本書，對照英文，最後在家附近的牙醫診所讀完了譯本，日期是十二月十五日。若不包括前面的失敗，我剛好花了半年讀完。納博科夫延伸綿亙的回憶，演化成我閱讀、探索的延續。我回家搜尋，幾年前曾讀過Martin Amis還有David Lodge關於納博科夫的評論，發現留在記憶裡的竟如此稀薄，若非有日記的紀錄，記憶不少時刻常會因我的主觀、遺忘而走樣。如納博科夫所言：「記憶會出現變體」。

這兩三年來，由於旅程擴大、蔓延，記憶與閱讀竟也如旅途一般流動。途經機場、巴士站、旅館、飲食店，使用各類交

通工具，讀寫自然就在流動的場所進行，也讓我逐漸養成一個習慣。以往購書我總記錄購書的地點與時間，如今閱讀和書寫筆記的紀錄，也必須註明時地。體悟經常閃現，一不留神，就喚不回幾分鐘前零碎卻達意的字眼。旅程有諸多可能，亦有許多困頓，好像納博科夫捕蝶的期待，那些拍動的羽翼，艷麗的粉彩，稍縱即逝。捕捉的工具，必須隨身攜帶，也得眼明手快。

　　納博科夫年幼受過精緻的家庭教師教育，他的父親有意藉此讓他們浸透、熟悉多元文化語言的情境。他天才的語言能力，對藝術獨特的敏銳體會，有些來自遺傳，有些是後天的培養。說他是神童，一個年輕的prodigy，一點都不為過。他日後的藝術成就，從回憶錄裡就可證實，可謂名不虛傳。日後他聲名大噪，也許讓他曾經寄居的國度與有榮焉，至少美國人是如此。

　　機上身旁的女士恰好來自俄羅斯，除了提問幾個當今的問題，閒談之餘我拿出納博科夫的回憶錄。她說她知道，他的書在俄國境內買得到，但言下之意卻是個遙不可企及的人物。她告訴我一件吃驚的事，她父母所在的城市，位於烏拉山邊上，雖不比莫斯科、聖彼得堡，但生活壓力吃重，光是食物消費就占收入的60%。她的嘆息讓我體會一事，對平凡百姓而言，生活達不到一定水準，有些抽象的領域是不可及的事。但對真正的藝術家，儘管窮乏流離，仍然滿帶創造的活力。

　　邊境的尼加拉河浩浩湯湯，將國界隔開，而位於兩大湖之間的水牛城，因大湖效應，冬天風雪特大。登機之前，我們過街買食物。風雪劇烈，我們防禦不足，雪花黏附在我妻子髮上，難以融化。倉皇之間，我們好像過街老鼠，灰頭土臉，耳

根堅凍，狀甚狼狽。那一刻，我們體會了一點難民卑賤之狀，以及進退失據的苦情。

《說吧，記憶》的中文譯本中，譯者得經常處理鱗翅目的蝶蛾名稱，必須詳加註釋，這對不懂此領域的讀者，是個重要幫助，由此最能看出譯者的用心與著力。譯文中精彩的段落甚多，雖是納博科夫本人的文采精湛，但若無譯者深入本文對應的掌握，豐富辭彙的搭配，文中那些鮮明美麗的意象就難以傳達。但同時，譯者有時也要加添語辭，幫助讀者領悟上下文中潛藏的語意。

讓我舉幾個段落為例，他形容他法語家庭教師的音色之美：「她吐出的法語像珠玉，像潺潺的流水聲，也像火花，那音聲之美超越了意義，……她話語的清澈和色調對我來說還是有一種特別的力量，就像晶亮的鹽可用來淨化血液一般。」

1914年他正經歷寫詩的狂熱，他提出成為詩人的理論：「我至少發現了一件事：要成為詩人必須有同時思考好幾件事的能力。我的第一首詩是在慵懶的漫步中誕生的。我走著走著，遇見了村子的校長……在那一瞬間，我注意到的不只是他手中快枯萎的花、隨風飄拂的領帶，他那多肉的渦形鼻孔上有黑頭粉刺，同時還有遠方傳來布穀鳥悶悶的輕啼聲以及在路邊瞥見的一隻又名『西班牙女王的』珠蛺蝶。」

他描繪移民官僚的醜惡，繪影形聲，十分入骨：「對那些冷冷地給予我們政治庇護的國家，在申請什麼垃圾『簽證』或討人厭的『身分證』，還是請求延長期限時，我們的人身對那些國家的依賴更是明顯。……你的申請檔案資料在那個留著老鼠鬍子的領事或警察辦公桌的抽屜裡，變得愈來愈肥厚，而你

卻被繁文縟節整得愈來愈憔悴。」他形容俄國流亡者的護照是
「次等人的身分證明，封面是病懨懨的綠色。」

　　還有一段被經常引用，我把原文列於其下，我也很喜歡這
段落的詩意：

> I confess I do not believe in time. I like to fold my magic
> carpet after use, in such a way as to superimpose on a
> part of the pattern upon another. Let visitors trip. And the
> biggest enjoyment of timelessness-in a landscape selected at
> random-is when I stand among rare butterflies and their food
> plants. This is ecstasy, and behind the ecstasy is something
> else, which is hard to explain. It is like a momentary vacuum
> into which rushes all that I love. A sense of oneness with
> sun and stone. A thrill of gratitude to whom it may concern-
> to the contrapuntal genius of human fate or to tender ghosts
> humoring a lucky mortal.

　　當他站在蝴蝶與它們覓食的植物中間，是他享受「無時
之狀」（timelessness）最大的快樂。發現稀有從未命名的蛾
蝶，對捕蝶者而言，是超越時間的狂喜。他跳脫時間線性的規
範，從蝴蝶飛翔的旅途，到補蝶狂熱的追逐路程，他一路穿越
時空。他回憶的書寫，雖按時序，卻未受時間流動的侷限。打
從幼年開始他就一直懷有野心，為新發現的品種命名，卻屢遭
失望打擊。於是，日後就在他的作品中進行報復，讓那些破壞
他美夢者淪喪，或深陷不幸。

納博科夫述及往事，總夾以想像的步伐、節奏，甚至夢境，異於一般的回憶錄。他出入殊異的文化語言，穿梭夾帶，把他幼年以來培養、吸取的典雅教育，透過他獨特的文采，精細鋪陳身後的背景，聲音、氣味、色澤，或遠或近伴隨他成長的景物，狀似虛構（如他自己所言），卻又是真實的情境，所以讀來半真半假。他的回憶不同凡響，讀者必須調整視野，才能適應他回憶的水流。他不只有狂熱與才情，也有科學的精確，也具備分析、歸類、記錄、描繪的能力，不只在捕蝶上，也顯於對文字的投入與掌控。

　　回憶正如他的旅途，艱險奇遇交替，既是地理的考證，也是時間的穿梭。人物之間的錯綜糾葛，在他回顧祖先或家庭教師，無論白描、寫意、工筆都讓人讚嘆，他是敘事大師，高明嚮導，殆無疑義。而他也精於埋設路障，安置謎語，隱喻、象徵、典故處處，秘語精深，有意考驗讀者，那是他們高明之處也是喜好所在。

　　我不理解他們遷徙甚多，如何攜帶他的手稿、書籍、蝴蝶標本？顯然要經常取捨、丟棄或贈送，才能成行。多年後有天他在柏林書攤上，發現了他父親一本簽名的書，顯然被人盜賣，流徙飄泊來到異鄉。他們莊園裡豐盛的收藏，也隨著布爾什維克的到來，完全充公。也許，他幼年時代嚴整的教育和他準確的記憶、獨特的天分，使他能召喚許多細節。甚至在書寫過程中，遺忘多年的名號也如魔術般出現。

　　幾年前我讀了納博科夫和Edmund Wilson的通信，其間對俄國革命深感興趣，當時我正專心讀Wilson的《到芬蘭車站》，書信是理解二人個性，與文學觀點差異的佐證。但有些

部分我感到困惑，固然納博科夫恃才傲物，對許多他認為二流的作家不屑一顧。甚至對有些公認的大師，也不以為然。當時我只覺得他的品味很怪，有點超過。《說吧，記憶》書中納博科夫也一再重複同樣的觀點。直到最近，讀到John Updike的評述，我才比較領悟他的觀點。

　　五十年代新批評當道，強調作品本身的價值，其餘的傳記、社會觀點、思想背景均屬次要。Updike這麼說：「較之以後的六、七十年代，五十年代對於納博科夫的思想來說，是一個更為情趣相投的活動場所。但是，無論何時，就其將現實與想像的藝術相割裂的程度而言，納博科夫的方法似乎都是激進的。」例如納博科夫說：「請記住，文學沒有任何實用價值。只有一種情況例外，那就是，如果有人不想幹別的，偏偏要當開文學課的教授。」Updike闡述他的近身經驗，因為他老婆當年就是納博科夫在Cornell大學聽課的學生。我想他的意思是她既是受益者，也是某種程度的受害者：「直至今日，她仍然不能認真閱讀Thomas Mann的作品，而且絲毫也沒有放棄她從第311-312號文學課上學到的主要教義：『風格和結構是一部書的精華，偉大的思想不過是空洞的廢話。』」

　　登機之前，芝加哥的雪勢紛然，我們躲在商場裡躲避風寒。商場裡有不少說俄語的男女，似乎在為我進入俄羅斯情境做襯底。我仍專心讀書，偶而逛逛。節日的音樂重複播放，已達魔音穿腦的程度。一個東方孩子對我推銷模型飛機，對出售的阿帕拉契十分肯定，好像我一定會買。我搖頭，他們問我有無孩子。我的回答並未使他放棄希望，我轉換話題，我說你來

自中國？他說的英文略帶混濁。仔細聽才搞清楚，原來他來自卡薩斯坦。Wow, it's so far away，我說。

時間與地理的遙遠，不只出現在書中，也是現實的情狀。

誰還記得你的名姓

瞳孔的色澤

如何儘量匹配

護照簽證的勞頓？

鋼印喧嘩的國境

圈點期限

移民官盤問

煙酒攜帶多寡

來自何處或去向何方

濕乾遞換，雨雪色盲

行李無法歇息鬆綁

日落之前

還有堅凍的旅程

等待征討

以下這段話出現在《Lolita》書後的感言，仿若他無可奈何的嘆息，來到英語世界，要在新世界出類拔萃，不若以往熟悉的背景，展現他的文化風采，戲法可以運用自如，而必須放棄母語書寫，改採英語創作。然而在英語世界留下的成績，是他使用母語難以企及的境地。他的作品要到蘇共跨台之後，才得在俄羅斯出版，讓他的同胞自由閱讀。我不難相信，他的同

胞可能把他當外國人，或是被人遺忘的貴族，阻隔總是無可避免。他個人的悲劇，反成為英語文化的產業，這豈非後世讀者之福？

> My private tragedy, which cannot, and indeed should not be anybody's concern, is that I had to abandon my natural idiom, my untrammeled, rich and infinitely docile Russian tongue for a second-rate brand of English, devoid of any of those apparatuses—the baffling mirror, the black velvet backdrops, the implied associations and traditions which the native illusionist, fract-tails flying, can magically use to transcend the heritage in his own way.

　　我還記得去年此刻，大雪紛飛，我坐在地鐵站外的咖啡館，注視行人來往，也注視雪緩慢的下降，如何飄在行人肩上，感染我的思量。在一種不熟悉的語境逗留，我習慣雨水多年，熟悉它鏗鏘清脆的敲打，而雪我還未熟識，仍待適應，它悄然無聲，卻擅於改變景致與情境。這一年過得飛速，不知不覺已來到終點。時鐘滴答滴答的逝去，舊的一年已無法復返。我們又要向過去道別，探索新的一年。肯定的是我要舉家搬遷，離開溫暖的南方，往北搬遷，寄居四季分明的城市。也許，移動代表、描繪我的真情，讀寫自不例外。

行過悲慘世界
——讀康正果與巫一毛回憶錄

　　第一次留意康正果先生，是從孫康宜女士所著的《我看美國精神》。孫女士在文中透露，原來他五十歲才抵美國，但身居異國卻讓他對自己的母語產生強烈熱忱，短短十幾年間讓他有極大豐收，他在北美及中港台各地都有成績。他在自己的回憶錄《出中國記》中，也強調這個事實。他說：「離開了母語之國，我與我的母語反而有了從未感受過的親近，我也從來沒有如此強烈的自我認同。」讀他的悲苦自憶，讓我體會大器晚成的真意。雖然以往環境慘烈，讓他探求自由，抒發懷抱的精神，備受壓抑。然而一旦來到自由之境，他舊日的壓抑卻化為創作的動力。

　　近年來，我和大陸來的移民接觸日多，總發現我的思維習性，和他們差異甚多。我們雖是同文同種，但內在思維和外在用詞都有差距。一個在康書中經常縈繞的字眼，就是「檢討」。這個中性字眼，對他們而言卻是相對負面的用法。也許對諸多經歷各樣政治運動的人來說，寫檢討文章司空見慣，但對康正果來說，那是個無止境的噩夢，所以他在書中提出了深惡痛絕的批判：「那是個摧殘個人尊嚴的文字嚴酷刑，是培訓無恥人格的造句練習，是迫使檢討者把自己的小辮子任人亂揪的精神折磨，是指令一個人按照上級批示去罵自己的話語暴政，是拿起筆桿子打自己嘴巴子的糞便文章。」

為因應鬥爭強度的需要，人必須挖空心思、歪曲事實、捏造最惡毒的字眼，上綱上線，就是要鬥爭毀滅人，同時也得防範自己成為鬥爭對象，成為落水狗。於是，檢討文章變成了汙衊羞辱自己靈魂的展覽場。檢討文章寫得不夠噁心，不夠下賤，休想在敵人窮兇惡極的監督下過關。共產中國在毛治下，成為培養人性最醜惡的溫床，鬥爭他人，也毀滅自己，成了日常生活的一部分。如今雖已事過境遷，我們仍可在當今社會目睹其後遺症。

余英時先生在本書的序文中有段評述，我深覺有理，他的大意是有人認為1949年以來，中共的一黨專政是傳統專制的繼續和發展。余先生認為這種說法混淆了傳統皇帝制度和二十世紀集權體制的界線。他說：「中國傳統的皇權只能下伸到縣一級而至，縣以下皇權便鞭長莫及。」所以民間所說的天高皇帝遠，就傳達了傳統專制體制的侷限。這幾年來我所讀過的各類文革回憶錄，都透露了共產黨的統治對民間社會的全面與深入。康先生的事例也證明同樣的事實，不只在城市裡，就連在鄉村的生產大隊，他都深受綑束。日夜不絕的政治活動，作者深惡痛絕的檢討運動，在在都證明毛治下的專政，遠超過以往的專制，是連你的靈魂都得鬧革命的境界。然而，康先生的苦難也是那個時代普遍的苦難，然而這個幾乎全民參與的運動，受害者也常是加害者。若沒有這麼多人情願，甚至熱烈配合，成為共犯，毛所發動的文革也不會如此慘烈。

我第一次到中國，拜訪了不少基督徒，聽到一個不甚熟悉的詞句，名曰「勞教」，當時我只知勞改，這次從康先生著作得知這詞的含意。他引用《勞動教養條例》作為說明，由此引

申政權換湯不換藥的本質，他說：「『勞動』兩字後面的『改造』，只是換上了『教養』一詞，那同樣剝奪人身自由和公民權利的苦後，竟有了黨國體制內特有的人道主義性質。」勞教雖屬於輕刑，但正因其輕，又不必經過法院審理，而全由公安局一手操辦。所以只要當局認為你有問題，他們就可隨時依據政治風向逮捕你，對你進行各種非人道的刑罰。康正果先因燒日記，後又寫信給蘇聯借書（《齊瓦哥醫生》），讓他得了反動罪名，造成了他日後接連不斷的禍害。

讀文革的故事通常有兩種驚奇，一是黑暗蔓延之深廣及其伴隨的驚人悲劇，一面是人在撲天蓋地的暴亂、痛苦中求生的意志，那都是人性極端的展現。巫一毛女士的故事雖不同於康正果，卻也有不少類似。即使在最慘烈的年代，她們仍不放棄希望，竭力尋求生路。她們在最無趣的政治語言中翻滾掙扎，都在書籍世界中找到慰藉與安魂，文字在她們的靈魂中醞釀了希望。可以說那整一代人幾乎被全數犧牲，成為粉末灰燼，但他們能存活，掙脫束縛，繼續求學，可說是相對的少數。巫女士說那一代的人背後都是一本書，多次我和經過文革的人談話，也深有此一體會。如今她們用血淚述說自身故事，至少能為文革拼湊更完整的圖畫。

巫一毛女士的《暴風雨中一羽毛》，可說除了廣西的吃人事件之外，是我讀過文革故事中最感痛苦的事例。以往我所閱讀的多是青少年或成年人被迫害踐踏的經歷，或從這個年齡層的眼光出發。但巫一毛的經歷告訴我們，許多人如何因著文革失去童年。文革時期，千千萬萬難以置信的殘暴、血腥、死亡的場面，在城市鄉村各個角落輪番出現。兒童所受的災厄，更

讓人匪夷所思，統治者以政治鬥爭之名，剝奪千萬孩童生存的權利。不只人倫受到嚴重破壞，人性也順應暴虐之境，而極度扭曲。身為萬物之靈的人類，在極端的年代，變得連禽獸都不如。單以巫女士為例，她八九歲時，就遭到兩個人強暴。她家有三個孩子，她的父母遭罪被放到不同地方，她年紀小小，就必須擔任母親的職責。

書中有個故事讓我感到毛骨悚然，她們身為受害者，對撲身而來的痛苦雖不都是逆來順受，但也是點滴在心。然而，施暴者並非全是世故的成人，也非全是不可一世的紅衛兵，而是熟悉她們、年紀相仿的孩子。她們的殘暴，讓我們領略世界上沒有完全無辜的人類。這豈不也是《蒼蠅王》的翻版？而當日的施暴者，一但淪為受害者，悲劇就難以逆轉了。比起巫家的孩子，他們其實更脆弱，當他們還是掠奪者時，殘暴威猛，一旦成為他人的獵物，竟完全不堪一擊。她們無法忍耐屈辱，竟以自殺告終。

這兩部書中雖然悲劇遍佈，但故事中也有充滿反諷逆轉性的高潮，甚至還有令人噴飯，十分詼諧的情節。康書中最戲劇化、最有趣的部分，就是他因著想要洗刷過往的政治汙名，去除冤屈，以便能重新落戶、結婚，他竟然認了一個窮光蛋的老單身漢做乾爹，這個代價也必須彼此互利才能成功。由此他改名換姓，重新作人，開始在農村的新生活。他改名換姓，認新爹、蓋新屋，並非為著什麼光彩的原因，卻道出我們人生諸多無奈，結果雖未完全脫去政治反動的汙名，卻因而取得一門媳婦。

巫書原本以英文書寫，比較以英語讀者為考量，所以有些部分她有不少保留。她在訪談中提到，為了作者一家因著政治

成分問題，被下放農村。她說的是真實故事，但「為了讓西方讀者看起來不那麼毛骨悚然」，她刪掉了不少細節，例如前述她遭到兩人強暴，但故事中只提到一位，而且隱去其中極端醜惡的部分。有些部分她處理的雖不是那樣詳細直接，卻因而展示了深富象徵的意涵。故事中她以農村作為微型，顯示中國如何受到暴虐奴役，而村子裡的頭子：老螃蟹，正是那個惡貫滿盈的人物，他是村子裡法律的制定人與執行者，也是村內許多災難的源頭。無恥殘酷，才能成為共產黨統治農村的最佳人選。

　　一毛女士提到一個明確的例證，就是在大飢荒的年代，這個村子一半的人口，死於飢餓，但老螃蟹的家族，卻無一人餓死。書中許多悲劇的發生，都讓人心酸不已，尤其巫女士以女性幽微的知覺，為無告的女性發聲，以細緻的情緒，描繪農村女性難以置信的厄運，讓我們見識了農村對女性所受的嚴重踐踏。而故事來到了一個臨界點，就是作者全家得以返回城市，當夜老螃蟹還不忘她家討個便宜。但隔天，她們竟然發現這位十惡不赦的已死於糞坑。故事有些隱藏的伏筆，但其象徵意義似乎呼之欲出，那正是她家厄運的終結，也預告農村災難的結束。

　　文革開始至今已達四十年，許多的傷痕仍待弭平，許多人的痛苦，仍未紓解。如果中共因著愛國意識，必須一再強調日本人對中國人的屠殺侵略，設立物館作為教育，永誌不忘。這不只是提醒自己莫忘當日的苦難，也提醒日本民族如何嚴重傷害了中國百姓，莫要遮蓋自己的羞恥與罪汙。中共是否也應該學習德國人，讓文革的史料與研究更形開放，更坦然面對毛發

動的文革，真誠接受這個痛苦的事實。文革博物館的設立，不光是巴金先生的遺願，也是許多經過文革的受害者的盼望。不是為了報復，也不僅是控訴，而是醫治，也是真誠的悔悟，面對民族最黑暗的角落，坦承自己曾經犯下的罪行，做為自己，也給後世的子孫一面透亮的明鏡。然而，這只是想像，還是可能兌現的目標呢？也許我們仍須等待。

歷史的稜鏡
——讀四川女人虹影與張鴻的自傳

　　二十世紀的四零、五零年代，歐美文學界新批評（New Criticism）當道，當時的風潮刻意強調，應該讓作品直接向讀者說話，愈少干擾愈好。

　　新批評的評論家大體認為，對文學的研讀應該獨立於歷史與傳記之外，也就是說，讀者對歷史與傳記的瞭解，會干擾作品對讀者直接的發聲。而當時美國的評論家Edmund Wilson的行徑恰好相反，他批評的程序常是將戲劇的情節，放在歷史的脈絡之下來檢驗。雖然他本人沒有寫過完整的傳記，但他的論文卻是一直環繞著作品以及形塑作者的時空背景之中。至於這兩者孰是、孰非，何者較優、何者較劣，該是見仁見智的問題，對我們這種普通讀者來說，沒什麼相干，留給文學批評家去爭論。

　　事過境遷，Edmund Wilson的評論至今仍廣受讀者閱讀，而且他的評論文章也成了一種藝術形式。說起來到今天我自己也感到不解，為何在讀張愛玲的作品之前，我竟然先讀了兩三本關於張愛玲的評論。不諱言，那種閱讀造成了某種程度的干擾，但也不可否認，它擴大了我鑑賞的深度與視野。

　　愛默生曾經說，沒有歷史，只有傳記。或許很多人無法同意，但歷史的確就是由許多人的傳記組成的。不管是英雄或凡

人，都是書寫歷史或構成歷史的角色。以往的時代，也許歷史是少數人主導，所以才有英雄及英雄的崇拜，今天雖然仍有英雄，但時代已經轉變了。今天人觀看歷史的方式和途徑，已經多元到有點錯亂了。他們可以讀磅礴雄渾的史冊，也可以查閱舊日鉅細靡遺的報紙，可以翻閱充滿感性與主觀的現場資料，也可考察數據精準的科學論文。在一個價值觀日漸多元的時代，歷史的詮釋與理解也是多音而分歧，端看個人的喜好和觀點。純粹客觀的歷史是不可想像，但歷史探求真相的努力，卻是無法抹煞的。

歷史彷彿是多道光譜的匯聚，我們觀賞許多人在歷史的舞台上賣力演出，他們的記憶、苦痛、歡樂、憎恨、掙扎，在特定的時空下展現不同的光芒。由是，當代的時空格局，在他們的記錄底下漸次成形。雖然那不是所謂客觀的記載，但歷史在他們筆下卻具備了鮮明的特色。那是有血有肉的history or Herstory。他們記述的也許不是國仇家恨，而是個人的辛酸血淚，然而歷史的肌理與脈絡反能更準確的顯影。史書有所不迨之處，就需此項文類的補充與凝聚，歷史才能以較完整的形貌呈現給後世的人。美國的史學家Barbara Tuckman在《歷史的演練》（Practicing History）一書中，援引自己運用傳記的經歷，來加強歷史的撰述，她說「傳記乃是歷史的稜鏡」。透過這面稜鏡，歷史的光譜能照耀得更加多彩璀璨。

我想文學的研讀也可如此演練，透過傳記、回憶錄的稜鏡，我們能更貼近作家的身影，感受作品的脈動。其實有的作家的回憶錄，讀起來就像純粹的文學作品，就像虹影的《飢餓的女兒》。書中記錄她成長與探索的軌跡，雖然醜陋腥臭四

佈，那卻成了藝術家成長必要的儀式。作者的她生命中埋藏的痛楚辛酸，糾纏重疊，書中情節的發展也是十分迂迴婉轉，而作者說故事的能力的確精湛，她一路抽絲剝繭，故事的核心於是逐漸展現。作者在書中的文筆收放自如，情感內斂，有的時刻像是個外科醫生一般的冷峻，刀鋒凌厲，她不掩飾自己情感的殘酷，即使自己母親的醜態也不避諱，她坦誠率直的解剖，讓人見識生命中諸樣的羞恥。在嘗過性愛的歡愉，解決身世的秘密之後，一個十八歲的青年藝術家的肖像於焉成形，她探求真知的熱望，也成了她放逐異鄉的伏筆。企圖掙脫濕熱狹窄的家園，打碎束縛她人格發展的鎖鍊，放逐便成了她最清醒、最果敢的行徑。書名《飢餓的女兒》不止點明了她生長的狀態，也是一語三關，突顯了她心靈求知的渴求，以及她對性愛的狀態。

閱讀虹影，立刻我就想起她另一個同鄉，寫《鴻——三代中國女人的故事》的張鴻。本書先是由英文寫成，後譯成中文。英文的部分是給洋人寫的，細節交代比較清楚周詳。中文譯本是節譯，有些細節就略過了。

她們二人有諸多相似之處：都是四川人，一個生在貧窮破落的人家，落戶重慶；一個是享受特權的高幹子女，家住成都。他們身上有許多相似的特點：故事都說得精彩十分，筆下都是一幅幅倔強，不肯降服於命運的女性角色，也都採取放逐的步驟，最後他們也都定居落戶於英倫。在他們背後，是一個大混亂、大崩潰的時代，幾乎人人背後都有一段令人鼻酸的故事，無論你是高幹子女還是普羅大眾。也有一堆醜惡、仇恨、恐懼、驚惶，叫人無法想像的情節。要寫成書，偌大的中國恐

怕都承載不下如許多悲慘掙獰的人間悲劇。至少這些中國女子，為自己、為他們平凡、無顏的母親留下了記錄。

我想他們無意批判政治、為歷史證言，只是透過女性獨特柔細的觀察，為中國女性的艱困作記錄。沒有呼天搶地的控訴，也不是深入災難現場的報導，而是相對冷靜的呈現，就搔到這個政權最腥臭的瘡處，就足以讓人感到當時生命的灰暗，也讓人體會極權政治難以置信的殘酷。

摘取一段虹影的敘述，一段對歷史極端的反諷：「我把裝訂好的一冊報紙逆時翻，手指一觸，泛黃的紙，一不小心就脆開一條縫。越接近一九六二年九月二十一日──我出生的那天，我的手抖得越厲害，紙的裂縫也就越大……那天發生最大的事，是聲討美帝國主義侵略罪行，我空軍擊落U-2美蔣間諜飛機，毛主席接見空軍英雄。讚歌頌曲一片……越往我出生前大飢荒那些年翻，消息越是美好，生活越是美麗。這樣的報紙太有價值，任何人想瞭解自己的祖國，想瞭解歷史，應當經常翻閱。」事實──純粹的事實，有時候比想像虛構的情節更叫人觸目驚心。紅色中國常常喜歡用「法西斯」這個名詞，來控告他們憎恨的政權。然而，紅色政權的罪惡，恐怕不輸給法西斯的暴虐罷？！

Tuchman曾說史家（包括傳記的作者）需要距離。我想這種距離包括了時空，也涵蓋了情緒與想像。情感的爬梳，場景的調度是否奏效，當然有賴作者多方錘鍊，也需要相對的成熟。有的作家離開了故國就像斷奶的嬰孩，但有的剛好相反，深處異國，卻給了她們恰當的距離來抒發想像，張鴻與虹影正屬於後者。張鴻的故事涉及的時空場景較為深廣，歷史性較

強，她的書主要的對象是外國人，所以她費了相當的筆墨來介紹中國近代史事，目的是配合他姥姥及母親身後的背景；而虹影的《飢餓的女兒》可以說是文學傳記的範例，人性的醜陋與高貴是故事的主軸，閱讀過程中，不時想起曹冠龍那棟位於上海的三角形閣樓，一個同樣扣人心弦的啟蒙故事，一種虛構與現實並存的文體。他們的故事之所以引人，人性刻畫深湛，距離是個重要的因素。我想將來，無論是歷史或文學的研讀，只要運用得當，回憶錄、傳記或自傳都是投射光譜、展現色澤的絕佳稜鏡。

戲裡戲外
——讀章詒和《伶人往事》

　　許久未曾看戲了，當然我不是指電影或電視裏的戲，而是傳統戲劇，無論是京戲或歌仔戲。那是童年時代課堂外接受文化教育的另一途徑，雖然那些忠孝節義的教化，通常是稗官野史，但故事仍然呈現了文化的精華。小時候我都是跟著祖父一塊觀看，很多時候根本不懂，只能猜測，加上祖父講解，朦朧中領會一點故事情節。我也不懂為何連國語都不靈光的祖父怎會對平劇感興趣，也許那也是他體會文化的一扇視窗。至今我還記得《四郎探母》、《二進宮》裏的段落，當時想不通，怎麼兩個人要見個娘娘要唱那麼久？不過當時我真頂喜歡西皮倒板的唱法。

　　原本我沒想讀章詒和女士的《伶人往事》，雖然書皮上寫著：寫給不看戲的人看，但自忖太久沒看戲，離那個世界太遠，激不起興趣。但沒想到禁令一出，恰好成了催化劑，讓我不看不行。也許章女士除了氣憤抗議之外，也該謝謝有關單位，禁令恰好是書籍暢銷最好的廣告。幾年前讀《最後的貴族》已經見識了章女士說故事的本事，這次我幾乎是馬不停蹄，一氣呵成。書中她所開啟的那扇窗是我完全不熟悉的領域，而她說得如許動人而曲折蜿蜒。

　　章女士對伶人的世界、際遇了解通透，所以分析格外深入，而且洞察世局人情，她說：「京劇崑曲這樣的精緻文化，

使藝人在戲劇情景中成為才俊，也使得他們在另一番情景中成為廢物。藝人即使有優異的稟賦，也要在正常秩序下，得有相當的條件才能發揮。也就是說，愈是高雅的藝術就愈需要安閑的條件。」所謂的舊時代雖然差強人意，但還能提供藝術發展繁茂的空間，但隨著政治逐日緊縮，意識形態干預漸深，藝人能演的劇目嚴重縮減，到末了只剩幾齣粗糙的現代樣板戲。那些往日輝煌光燦的大師不是失業落魄，就是罪名深重，許多人都沒有活到改正，就已慘死。他們戲內刻畫的典型與戲外的事業，一同隨之埋葬。

書中有好幾個讓人難忘的場面，作者描繪其間的細節情狀，動人之狀絲毫不比看戲遜色，過程如疾風驟雨、雷霆轟嚷，一時間我們彷彿親臨現場，目睹聽聞伶人的羞辱難堪。作者長年深受戲劇浸染，常能在文字中探其神韻。其中一段，作者描寫葉盛蘭在文革期間被批鬥的情狀，讓人覺得時光倒轉，戲裡戲外熔成一片，不知時空何地：「頭頂著陽光萬丈，可眼前物是人非。看到台下熟人那沒有表情的表情，外表平靜的葉盛蘭，那心底當有怎樣的狂亂？他在《白門樓》裡，能以抑揚淒婉的歌吟表達呂布被擒後的驚懼、悔恨、悲愴的複雜心境。可現在呢？無可開口，也無口可開，連個三國的呂布都不如。」台下一片轟亂，劇中人啞口無言，因為他每句話都可能成為批鬥的罪狀。戲內和戲外的角色輪番交替，戲裡悲劇的英雄仍能詠嘆，而戲外這位曾經叱吒一時的名角，卻再也不能長吁短嘆，只能默默忍受。

在狂暴的年代，不可思議的黑暗場面，像四處埋設的地雷，隨時引爆。以往親密的友人、同事、親戚，頃夕間都可能

翻臉變相，個個猙獰，聲嘶力竭，聽得人彷彿墜落陰間，膽戰心寒。章女士對此發出極深的感慨：「原來親密與仇視，讚美與汙衊可以轉瞬間轉換，而操縱轉換的槓桿就是那無所不在的政治支配力以及人類趨利避害的本能。」章女士無意醜化那些伶人，卻忠實點出他們見風轉舵的本事，她說得頗為傳神，因為他們是演員，戲裡戲外無分軒輊：「經過幾個政治運動的錘鍊和一番思想改造的洗禮，他們已能迅速地把傳統表演的技術和政治壓力下的應變結合為一種智慧。一旦上邊需要你做出『政治表現』，他們就都能很快地把這種『政治表現』藝術地表演出來。」俗話說「人生如戲，戲如人生」，在這些伶人身上得到最佳詮釋。

　　文中作者經常流露溫情與體諒，特別在惡行橫掃一切的年代，尤顯珍貴，那是人存活永不能缺少的美德，也是暴虐、死亡不能灼傷、損耗的恆久價值。她欣賞她筆下伶人的諸多優點，不吝褒揚，即使觸碰到醜陋的部份，總是理解體諒，不忍苛責。因為她也是過來人，也曾從輝煌處一夕間跌落，掉到別人佈置的陷阱。她觀察入微，同情深厚，深知伶人的弱點。領悟他們「舞台適應性強，而生活適應性差。」她深愛京劇的藝術精髓，珍惜伶人唱作的各家流派，深知大師名伶養成不易，不是等閒得來。政治的支配干預，大師陸續的凋零，讓諸多流派失去傳承。據此，她也準確觀察梨園所受衝擊，客觀記述了京劇藝術逐步走上衰落之途。

　　四九年之後中國的戲劇界變天，從所謂角兒為主體轉變為導演制，當然導演必須負政治責任。制度上強調整體藝術的重要，有意貶抑角兒的重要性，戲劇界的領導也極力灌輸職務

（角色）無大小，僅是革命分工不同。但是，一進了劇場，無論領導說什麼都不管用，光彩還是在角兒身上。「角兒倒了，再好的班底也撐不住。」

　　作者在此解說一種觀念，或說一個梨園得以傳承興盛的制度，我覺得這部份對門外漢理解梨園的生存繁衍有點幫助。她引述馬連良先生的一篇文章〈論師徒〉，文中說：「戲曲過去培養接班人的方法有兩種，一是科班制度，一是老師收徒。前者是打基礎，後者是細加工。」然而這個制度日後不但沒有合併、延續，反而因政治力介入而失喪。她的分析鞭辟入裡：「中國傳統表演藝術的傳承，不是靠現代化、規範化、標準化的批量生產，它是古老作坊裡師徒之間手把手、心對口、口對心的教習、傳授、幫帶和指點，屬於個人化、個性化、個別化的教學方式。量小卻質高。」

　　其實，不只京劇如此，所有精緻的藝術都面臨同樣的挑戰，即使政治或宗教的干預不存在，要面臨當今掩天蓋地的大眾通俗媒體，挑戰更顯得嚴峻。今天還有多少人仍然願意花錢、花時間觀賞傳統戲曲？這是個各方都需要思索調適的問題。讀《伶人往事》固然感其悲涼，但未嘗不是對傳統藝術重新的肯定、回顧，就像前幾年讀白先勇的青春版《牡丹亭》，我已略能體會古典戲曲裡姹紫嫣紅的美麗之境。至少可以肯定中國的古典曲藝中，比起莎士比亞的劇作毫不遜色。搭網上之便，我有機會欣賞《四郎探母》精彩的段落，不料觀看間我竟也隨之心神盪漾，逐漸入戲，這豈不是閱讀《伶人往事》不經意的啟發？

文人與政治
——讀章詒和《最後的貴族》

　　四九年以後的中國，是一個幾乎完全被政治包圍籠罩的國度。這個「新中國」，經過共產黨的「解放」之後，初始的確是帶來新鮮的期待。許多對舊政權不滿的各類知識份子，紛紛從海外回國投效，或者選擇留在中國，為新政權效力。他們如此選擇，一面是基於民族主義的情緒，一面也是對新政權的期望。我相信多數人對中共並無什麼認識，也許認為新政權再壞也不會比國民黨差到哪裡。他們效忠的，其實更接近一個遙遠而抽象、富強的中國，而非共產黨。也許國民政府在大陸掌權的時期留給人太多惡劣的印象，再加上宣傳機器誇大，政治上有意扭曲，使國民黨變成一個無惡不作，腐敗獨裁的法西斯政權。奪權的共產黨不只獲得人心，還擁有了暫時詮釋歷史的掌控權，用當今大陸的說法就是擁有話語權。

　　近讀《最後的貴族》引發我濃厚的興趣，也讓我觸及不少問題，思考文人在政治運動間顛沛動盪的慘烈命運。文人關心政治，當然天經地義，和所有老百姓一樣，參予政治是權利也是義務。但是近代中國，包括台灣在內，政治似乎一直是讓人痛苦的重負和根源。也許中國人向來重視政治問題，對各類型問題我們也普遍有泛政治化傾向。所以在不正常的情況下，中國人不是逃避政治，對政治冷漠，將政治視為毒蛇猛獸；或者

狂熱參與，跟隨獨裁者的煽惑鼓動，失去理性判斷，造成全民的災難。

國民黨真有共產黨形容的那麼腐敗獨裁？恐怕其中仍有諸多爭議空間。然而國民黨掌權期間雖如儲安平所批判的「爛污」，知識份子還能在夾縫中掙得相當程度的言論自由，還能藉由媒體批判監督政府的施政。但是到了共產黨的時代，不只言論自由失去了，連思想的自由都受到嚴屬控管，讀書人受到空前的考驗，喪命者不計其數。

這些人物當中首先讓我感到興趣的就是儲安平，之前我就讀過儲著《英倫采風》，也讀過戴晴討論儲安平的著作，那些印象讓我對儲安平有點模糊的理解與嚮往。在延伸閱讀中，我發現五四之後許多中國自由主義知識份子共有的精神，在儲安平身上頗有鮮明的體現。這些人有幾個特徵：

一、普遍具有留學歐美的教育背景。

二、年輕時代對文學有高度的熱情。

三、在文學之外有相對穩定的專業。

四、在政治上追求歐美的政治制度。

這些知識份子，理想色彩濃厚，對政治熱情，也有相當學術水平，但是他們對熱情並非在於直接參予政治，而是發揮其所長，以言論來批判監督政治。當時他們的政治態度大致的趨向是：批評國民黨的腐敗，支持學生運動，呼籲停止內戰。這些表現在客觀上當然不利於國民黨統治，反有利共產黨。但這類型言論主因並非全然反政府，而是出於知識份子的良知，和對國政日漸傾頹的關切與憂慮。這些人對胡適都很尊敬，和

他也有或深或淺的交往，他們普遍將胡適視為自由主義的領頭人。儲安平曾經數次寫信給胡適，期盼他的支持之外，也邀他為雜誌撰稿。

而儲安平在國民黨政府時代所辦前後兩份刊物：《客觀》與《觀察》，就是這種精神底下的產物。儲安平期盼兩份刊物，能建立一種進步、自由的論壇。日後刊物的確能突顯其獨立自主精神，深具影響，也深受讀者肯定與歡迎，從當時刊物銷路的狀況可見一斑。除了各大城普遍暢銷，邊遠地區如新疆、台灣都有航空版。

儲安平主持《客觀》的政論期間，曾經評論過共產黨，今天來看仍是相當客觀而準確。儲安平認為共產黨主要的缺點是過於崇奉外邦，一味視外邦為宗旨，喪失了自我獨立意識。這個點當然是指中共以蘇聯為師一面倒的傾向。他也認為共產黨是一個講究「統制」，講究「一致」的政黨，人民不可能有真正的自由，也不會擁有真正的民主。他提出了一個事實來證明他的說法，今天讀來還是相當傳神：「共產黨是否能容許今日生活在共產黨統治區域中的人民有批評共產主義或反對共產黨的自由？假如容許，則我們何以從來沒有看到在共產黨區域中出版的報紙有何反對共產黨或批評共產黨的言論，或在共產黨區域中有何可以一般自由發表意見的出版物？」

他又說：「就我個人言，共產黨今日雖然大呼民主，大呼自由，而共產黨本身固不是能夠承認人民有思想言論自由的政黨，同時共產黨所謂的民主，是『共產黨的民主』，而不是我們所要求的人人可以和平地，出乎本願，不受外力干涉，而自由表示其意見的民主。」從這些評論的確可以看見儲安平的見

解相當準確。然而他對共產黨雖然有認識，卻只能說是抽象的知識，因為當時他畢竟沒有和共產黨有過真正交手，也未受過共產黨統治。

反右未開始之前，毛鼓勵大家充分鳴放，他和許多自由派的知識份子誤以為真，果然說了不少真心話。讀他對共產黨批評的「黨天下」，其實是相當委婉、客氣的評價。由此說明他對共產黨和毛仍然認識不清，也由此可見，他以往的言論仍是客觀知識，否則他也不會有這等天真的反應。章詒和在《最後的貴族》裡透露，她的父親和儲安平在鳴放其間，對毛所釋放的善意是誠心相信的。他們還未徹底悲觀，但萬萬沒料到毛設計的陷阱如此險惡。

其實儲安平是有意冒險，只是他可能沒有料到政治險峻超乎尋常。換作我們，不見得處理得更好。書中透露1957年4月1日，黨組織撤銷，儲安平就任《光明日報》的總編輯，他總共只做了七十多天的總編輯就離開職位，11月12日他和章伯鈞同時被撤職。坐上了編輯台，他大膽的作風似乎全部回來了，雖然他已經沉寂許久。期間他甚至說：「我要撞撞暗礁，擔擔風險，用我的肩膀扛扛斤兩，看到什麼時候會受到阻力。」果然他觸了礁，我相信當時他對自己所發的議論領會深刻。他所面對的不是那種曖昧、吞吞吐吐的獨裁，像國民黨那樣，而是赤裸殘酷毫無遮掩的極權。

幾年前訪問哥大，我對潘光旦、羅隆基等人並無認識，直到最近透過閱讀，才發現早年哥大的留學生，包括潘、羅兩人，對日後中國的思想、學術甚至政治的領域影響深遠。尤其是潘光旦，他的研究跨越各類學術領域，在眾多學人中獨樹一

幟。雖然他不像胡適、顧維鈞那樣知名，但他的研究與理論頗為突出。所以日後研究者回頭探索他的著作，總有諸多精彩的發現。

有一個論題讓我很感興趣，就是潘光旦以在哥大的經歷，提出通才教育的優點，他說：「關於通才教育（Liberal Education），美國教育是這種東西，清華實行的也是這種東西。譬如我在美國學的是動物學，特別是遺傳學，可是心理學、文學、哲學，我都念。在美國大學有這麼一個辦法，就是如果你上半年功課好，下半年就可多缺課，最多可以五個星期不上課，任你去幹什麼，不扣分。我就用上了這一條，自己去轉圖書館，逛書庫。後來轉來轉去，莫名其妙的就轉到社會學。現在則搞民族史（少數民族的歷史），已經搞了十多年了，還搞些翻譯。反正這種通才教育出來的人，特別是過去舊大學社會系出來的人，什麼都能搞一點。清華實行的是通才教育，我當時就是如此。」從這個簡單的自述可以發現他涉獵廣泛，博學多聞，或者我們可以稱他為「全方位學人」。

根據論者的說法，潘光旦認為教育主要目的就是為了完成一個人，教育的最大目的是為了促進個性發展，最終目的是讓受教育者完成「自我」，把自我推進到一個「至善」的境界，成為「完人」。專家人才必須完成人的教育後才能成為完整的「人」，否則只能是優良的工具。潘光旦的人文思想，企圖把人塑造成一個獨立思考的靈魂。這種人正是所有極權體制要消滅的對象，極權需要的是機器，只聽命令、歌功頌德，隨著獨裁者命令動作的群眾。所以，潘光旦的思想自然會成為大毒草，他遭迫害以致毀滅，在文革的年代也是在所難免。

在王友琴女士的《文革受難者》中，提到了潘光旦去世前一個重要的談話。當然這些表達深處沈痛的遺言，在當時不可能流傳，否則他的結局會更悲慘。他用四個S來表達他生命的處境：Surrender，Submit，Survive，最後是Succumb。屈服、投降、活命、滅亡。今天隔著漫長時空，尤其對我們未曾經歷過極權迫害的人，只能憑想像來理解這些詞的含意。

王友琴強調潘光旦的說法，充分顯示歷史的事實。潘光旦和他同代人的經歷就是如此。她說：「這不是俏皮話，不是刻薄的牢騷，更不是一個懂英文的中國人的文字遊戲，而是對一批像他那樣的學者的人生經歷的非常現實主義的描述。」

王友琴從1980年開始收集文革資料，直到2004年五月才出版，長達四分之一個世紀。她親訪前後千位以上受難者及他們的家屬，將那些血腥殘暴的過程記錄下來，並透過網路公諸於世。可以想像收集這些痛苦的記憶，遭遇多少困難和挫折。好幾次我讀Holocaust受害者證言，有個驚奇的發現：就是那些迫害他人，致人於死的兇手，經常閃避責任，尋找脫罪藉口，甚至為自己辯護時振振有詞，但反觀那些劫後餘生的受害者，卻經常活在羞恥與痛苦之中，這是人性中最弔詭的表現。王女士的訪問實錄，也有不少相同類型的反應。

其實潘光旦在鳴放時期，並沒有對共產黨提什麼意見，既不鳴也不放，不若章伯鈞、羅隆基、儲安平那樣膽大，但他在中央民族學院仍被規劃為『右派』。透過閱讀得知五七年之前接連不斷的政治運動，早已迫使許多文人噤聲。1950年初，共產黨在學校裡接連發起三個運動：思想改造運動、忠誠老實運動，以及院系調整。而這些個運動的成果就是，諸多知名的學

者、教授在報紙上發表了他們的『自我檢討』。最近才了解，「檢討」這詞在台灣相對中性，但在對岸可是相當於交代罪行、承認錯誤，是頗負面的說法。按王的說法，這些檢討等於交待他們早年的教育背景，從事的學術與教育活動，還有他們的人生觀等等，他們對此都必須全面否定、譴責，才能過關。

潘光旦也發表了一篇自我檢討，發表在《光明日報》上，題目是〈為什麼仇美仇不起來〉。王友琴披露他反覆檢討自己十二次，最後才獲通過。王也提到朱光潛、金岳霖、周炳琳等，那些當時北大清華的著名學人，都遭到同樣待遇。在嚴酷的年代，說話的自由沒了，不說話的自由也喪失，連你的思想他們都不放過，那些徹底的否定、踐踏、洗腦，幾乎是密不透風、滴水不漏，讓人無所遁形。雖然共產黨對普遍百姓都造成深淺不一的禍害，但那些有思想、有學識、敢說話的文人，受害更深，因為極權的觸鬚，延伸至人靈魂的深處。於此，我們能理解許多文人在鳴放時期緘默的原因。

文革展開之後，潘光旦被鬥爭、抄家，罪名是「摘帽右派份子」也是「反動學術權威」，入了當時的勞改隊。他被抄家之後，連房間都給封了，只准他睡在廚房外的地上。當時潘光旦六十七歲，而且已經殘廢。可以想見他肉體與靈魂所受雙重的煎熬。勞改其間病重，卻無法就醫，終於1967年六月因病去世。如今事過境遷，我們來思考四個S的意義，仍然覺得潘光旦當日絕望的重負。

前述的受害者本身並非共產黨員，對政治的參與有限，雖然他們也普遍關心國事，但終究是共產黨外層的角色，他們遭人誣陷，受到迫害，在極權的年代很普遍，也是可理解的事。

但那些一生投效共產政權，為建立政權赴湯蹈火，日後卻遭政權吞噬，讓他們在政治狂潮中滅頂。對他們的厄運，總有一段時間讓我感到困惑。

在眾多受迫害致死的文人中，我覺得最可悲的，莫過於那些隨領袖口令起舞，參與迫害，對旁人落井下石、背後插刀，出賣身邊同仁友人的知識份子。這些人大概沒想到沒過多久，別人就以同樣手段出賣他們，讓他們無處藏身，甚至屍骨無存。無論這些人是出於誠心響應政治運動，或為求自保，或藉此攀升，報仇雪恨或圖利自己。很多人都沒料到不久之後，他們會被毛欽點，成為「反黨、反社會主義、反革命的份子」，接踵而至的罪名條條都能致人於死，到死他們也想不清黨何以如此兇殘。有的人連自殺遺書，還得竭力表明並未自絕於人民，向著黨仍舊赤忠。

我想到的典型就是吳晗，因為文革拉開序幕，就從批判吳晗的《海瑞罷官》開始。嚴格的說，當時吳晗雖然仍是史學家，依舊寫文章，但已是位高權重的高幹，不算純粹文人。幾年前我讀過吳晗的《朱元璋大傳》，深覺他對朱元璋的描繪，能在毛身上找到清晰的對照，其實當時他的對象是蔣，但日後吻合他圖像的卻是毛。我心裡不免狐疑，難道吳晗沒察覺他們兩位神似之處？讀《最後的貴族》，才發現原來反右其間他積極參與運動，對同志批鬥不遺餘力，讓他保住地位。日後毛故伎重施，他似乎把毛的陽謀忘得一乾二淨，竟一步一步落入陷阱，使他萬劫不復。

五七年反右之後，知識份子因言論遭罪而普遍噤聲。接下來再無人敢說真話，五八年之後浮誇風、高指標的風氣在中國

遍佈，各地的幹部報喜不報憂。毛覺得這個問題嚴重，於是期盼海瑞說真話的精神能發揚普及，遏阻誇大歪風。

但為何毛會對海瑞感興趣呢？這倒是個很有趣的問題。起因是有一次毛觀賞一齣湘戲，名叫《生死牌》，劇末出現了海瑞，引起毛的興趣。於是他把《明史》中的〈海瑞傳〉找出來讀，他發現海瑞雖然罵皇帝，但其忠君之節卻是至死不變。毛大概覺得海瑞剛正、說真話的精神值得宣揚，他也希望有史學家能對海瑞作番研究，這個期盼輾轉到了吳晗耳中。吳晗很快回應毛的期盼，不多久他在《人民日報》上發表了第一篇關於海瑞的文章，因他是當時的明史專家。日後他陸續發表多篇類似的文章，推崇海瑞說真話的精神。

吳晗正是呼應毛的鼓勵和號召，撰寫一系列海瑞的文章，也寫了日後使他毀滅的歷史劇《海瑞罷官》。也許他當真忘了五七年的運動，或者他根本不認識毛的為人。因為毛的最大特點就是反覆不定，說變就變。他揣度上意，那能體會他的《海瑞罷官》會成為不可迴轉的罪名。毛在一次談話中如此說：「要害問題是罷官，嘉靖皇帝罷了海瑞的官，1959年我們罷了彭德懷的官。彭德懷也是海瑞。」吳晗應該想到，他因應毛的號召高舉海瑞精神，有可能重蹈五七年那些對黨提意見、說真話的圈套。但他絕無法預料，毛會將海瑞和廬山會議被打倒的彭德懷連在一起。獨裁者最危險難測就在此，他們從不按牌理出牌。吳晗對朱元璋的洞察，對明史的理解，並未能救他免於獨裁者的毒手。

在一個政治席捲一切的時代，文人的遭遇也就特別脆弱危急，因為他們筆下的文字與世界，正是當政者進行迫害最鮮

明、醒目的標的。有時文人明知禍患臨身，但他們卻「寧鳴而死，不默而生」。他們的悲劇肇因於此，他們若值得後世景仰也在於此。

在黑暗的年代保持清醒，維持原有的志節，實是艱難。但是生命雖然充滿糟粕，總還是有些高貴閃亮，令人動容的時刻。章詒和在《最後的貴族》有一段精彩的文字，以衣飾的細節，描繪、襯托文人在政治紛擾中脆弱的狀態：「黑緞暗團花的旗袍，領口和袖口鑲有極為漂亮的條子。條子上，繡的是花鳥蝴蝶圖案，也是五色煥爛。我上下打量老人這身近乎是藝術品的服裝，忽然奇怪起來：中國人為什麼以美麗的繡紋所表現的動人題材，偏偏都要裝飾在容易破損和撕裂的地方？這簡直就和中國文人的命一模一樣。」章詒和細密沈痛的感慨，不止抒發她周遭所見文人的狀況，也表明她自身遭逢的厄運。

在極端的年代，除了黑暗慘絕遍佈，人性嚴重扭曲之外，我們還見識了罕見的稀有金屬，一種珍貴的情操，他們沒有因狂暴而成為禽獸。劉賓雁先生的說法也許能傳達這種情境，他的大意是，文革使有些人變成粉末，也使有的人成為鑽石，章詒和女士的故事為此作了最好的註解。《最後的貴族》裡許多扣人心弦，感人至深的細節，在在顯示了人在艱困與苦難中，仍有人不被政治洪流吞滅，仍然堅持這種稀有珍貴的美德。周遭晦暗籠罩大地，但這些人（張伯駒、康同璧、聶紺弩）卻在最絕望的年代，點起小小燈盞，仍舊抒發些許溫暖。但願這種精神不因時代的錯亂而失喪，期盼它永不滅絕。

逃遁與抗暴
——讀納菲西《在德黑蘭讀羅莉塔》

　　八九民運前後，我幾乎天天盯著電視螢幕，注視天安門的各種動態。有天電視上傳來伊朗領袖柯梅尼去世的消息，我心想這則消息應當是意義重大，影響深鉅，但當時全世界的眼光都聚焦天安門，它的重要性就這麼硬生生被削弱了。要到這幾年，有機會讀近代波斯的史事，才對柯梅尼政權帶來的衝擊逐漸領悟。尤其最近讀納菲西（Azar Nafisi）《在德黑蘭讀羅莉塔》（Reading Lolita in Tehran），得以更清晰。

　　作者在第二段落討論《大亨小傳》（The Great Gatsby）的段落，透露她的身世，她系出名門（父親在革命前曾擔任德黑蘭市市長），卻天生叛逆。十三歲離家，經過十七年留學生涯，先在英國，再到美國，就在七九年革命赤焰騰空，許多人倉皇逃離伊朗時返回家園。伊朗革命一開始就洋溢著反美情緒，她描繪初抵機場見到的搶眼標語：「美國去死！打倒帝國主義和猶太復國主義！美國是我們的頭號敵人！」她也和許多對革命充滿期盼的人一樣，「只求毀掉舊制度，卻沒考慮到後果」。他們推翻了一個親美的腐敗政權，然而自由快樂並沒有隨之而來，結果適得其反。

　　柯梅尼掌權不久，以往平民享有的權利與自由，逐漸被剝奪緊縮，知識份子喪失發言還有參與公共事務的權利，許多文

學書籍成為禁書。尤其是女性，除了失去舊日享受的權利，當權者還對她們進行更深的壓迫。女性必須穿戴黑色罩袍，頭髮不能外露，不准化妝，不准奔跑，隨時有道德警察監督巡邏。可以想見，壓抑處處，無論有形無形，步步緊逼。不受管束，就受到盤查訊問，除了監禁就是鞭刑。

書一開頭作者就事先聲明：「書中人物與事件街經過變更，主要是為了保護個人安全，避開審查官的虎視眈眈。和避免相關人士閱讀後對號入座，利用他人的秘密填補自己的空虛並藉此發跡。」然而，有心人若真要追查，要對號入座並不困難。這在許多極權統治的地方，都可以找到先例。事實也顯示1997年納菲西離開伊朗後，改革派總統卡達米（Mohammad Khatami）上任，納菲西書中所描繪的嚴酷封閉狀態，已經大體鬆動。伊朗女性不再需要為口紅、罩袍進行聖戰，她們反而擔心世人仍然保留舊日的負面形象。

本書探討了四個主題，主要是兩本小說（Lolita, The Great Gatsby）及兩位小說家（Henry James, Jane Austen）。作者出於抗拒壓抑的閱讀探索，提供了觀察與抗衡的參照。小說藝術雖也有社會功能，但終究不是為了解釋現狀，但在作者及她的學生所處的特殊時空，小說營造構築的世界竟也展現出奇境，讓她們找到對應，成為她們思索、觀察人生的參考。就好像她們閱讀《羅麗塔》，常能從伊朗現實對百姓的壓榨，找到亨伯特剝削羅麗塔的實例，作者舉證歷歷，言之成理，因為這種實例在當時當地俯拾即是。

極端的伊斯蘭政權除了剝奪他們原享的自由，也讓他們陷入長達八年痛苦的戰爭，戰爭結束一年不到，柯梅尼去世。彷

彿他是為此存在、催生的領袖。1980年9月23日，在毫無預警
的狀態下，兩伊戰爭爆發，一直到1988年7月底結束。納菲西
這麼說：「在那八年的歲月裡，我們的一切際遇和人生走向，
多少都受戰火波及，這不算世上最嚴重的戰禍，但仍造成一百
多萬人傷亡。」

　　戰爭發生之後，接下來因為納菲西拒絕穿戴罩袍，像當日
許多不願接受教條的知識份子，她因而失去大學教師的資格。
她一時失魂落魄，彷彿失去形體的隱形人，她沒有選擇離開伊
朗，卻將生存的角落轉變為避難所。嗜書，成為逃避的方式，
也成為一種抵禦暴政的途徑。日後她參與一個讀書會，非由她
日後主導閱讀西方小說的小組，而是研討古典波斯文學為主，
她形容那種玄妙之境：「我們輪流朗讀，文字先漂浮上空，再
像一層細緻的霧氣降臨我們，撫觸我們所有的感官。」她一面
讚嘆波斯文學美妙精湛的語言，一面懊惱波斯文化與傳統受
到伊斯蘭教全面的侵略壓抑。我們在Marjane Satrapi所著的
《Persepolis》，也看到同樣的唷歎。作者也是從這個讀書會開
始，進入寫作的生涯。

　　本書最具創意之處，就是它回溯作者生平的起伏跌宕，
交織大師的真知灼見，是回憶錄，又是文學評論，也是政治批
判，呈顯作者對壓抑與奴役的反抗。書中讓我們目睹教條如何
扭曲人性，恐怖政治遍佈凌遲，苦悶青年的種種掙扎，也透露
閱讀如何使她們甦醒，讓她們質疑、挑戰現實的不公。書中的
人物，無論正反，經常成為照映現實與虛構的鏡子，虛實交
替，如同電影的蒙太奇，作者在期間穿插引線，手法新穎。書
中的世界雖是想像，卻突顯現實的荒謬，現實也證實想像的超

凡，有時候真相比起想像還要更富戲劇張力。這兩者交換切溶，讓我們分不清虛實，充分顯示了作者高明的布局技能。

閱讀既啟迪她們的心智，也引發激昂的辯論。小說中的對話，轉到現實裡，經常是純粹意識形態的對抗，年輕人中仍有不少死硬派。但許多人透過閱讀，使她們直接參與了群體的精神抗暴，抵禦極權的奴役。這些年來我常在媒體上看到伊朗的異議者發聲，也許在廣大的伊斯蘭世界，伊朗向來就有抗暴的精神傳統。抵抗精神勃興，讓更多異議者敢冒生命危險，抵禦封閉壓抑的政權，勇敢發言，爭取民眾與婦女的權益。這也是由於伊朗人民歷來嚐過自由的滋味。

透過閱讀，無論是私下的讀書小組，或者大學裡選讀的課程，在在都讓閱讀者見識多元聲音的喧嘩，成為抵抗一言堂的秘密武器，雖然過程中遭遇各類狂熱份子的批判抵擋，但那些辯論恰好形成教育的過程。納菲西說：「我們讀過的每一本傑作都成為對統治者意識形態的挑釁。這些書之所以成為潛在的威脅與敵意，不僅是因為它們的內容，更因為敘述的方式和對真實生命與虛構世界所採取的態度。」閱讀使得那些備受壓抑的男女知道西方帝國主義，並非他們腦袋裡認知的世界。在空襲的夜晚，納菲西閱讀Henry James，轟炸的恐怖雖然遍佈，但閱讀的體會卻深富意義。她體會到：「這些閱讀經驗使我對小說的起源產生好奇，後來更領悟到小說的架構基本上是具民主性的。」意即小說裡對話的駁雜喧嘩，傳達了民主的真諦。

作者強調的多元聲浪與對話，正是極端伊斯蘭世界普遍的缺乏，所以閱讀那些小說對話最能暴露其內在的缺欠：「《傲慢與偏見》最奇妙的一點是，它具體呈現出豐富多元的聲音，

其中有許多不同形式的對話，包括多人之間的對話，兩人之間的對話，內心的對話和書信的對話。所有的張力皆透過對話創造出來，也透過對話化解於無形。」所以納菲西讓小說人物上審判台，讓學生們輪番公審，無論你站在哪個角度眼光，持何種意識形態。對話最能表明我們深處的想法，正如聖經所言「心裡充滿的，口裡就說出來」。

納菲西女士在討論Henry James的篇幅中，有件事讓我深感興趣，她提到他晚年一個巨大的變化。向來他寫作的興趣與焦點都是純粹的藝術，這也是他作品難懂的原因。但是他在世最後兩年的時間，卻積極涉入第一次大戰。他年輕的時代，目睹美國內戰，由於他兩個弟弟都參與戰事，使他免受徵召。納菲西這麼說：「心理上，他藉著閱讀與寫作和戰爭保持距離，他之所以熱烈支持第一次世界大戰中的英國，或許多少是為了補償上一次戰爭時自己置身事外。」戰爭期間，他探訪傷兵，為難民募款，還使用它最熟悉擅長的兵器，以文字撰寫戰爭文宣。也許這個轉變讓他毀譽參半，但我反而覺得這是一個藝術家該盡的良心職責。

從作者回溯的時空，我們得知伊朗在柯梅尼掌權期間，資訊封閉。因為在柯梅尼生命晚期，遙遠中國發生翻天覆地的消息，書中完全沒有提及。他的死亡，舉國哀悼，全國都配合哀傷的氣氛，作者耳聞一些不幸的消息，就在他的出殯日，造成許多傷亡。就像史大林，如同許多獨裁者的死亡一樣，他們的死總引發不少無辜的死亡。納菲西對此的評論冷靜而沉痛：「他如同所有偉大的神話創造者，試圖以他自己的美夢建立現實，到頭來和亨伯特一樣，造成現實與夢想玉石俱焚，除了罪

惡、殺戮和折磨外，如今我們還得面臨最後的屈辱──扼殺夢想。然而他這麼做卻得到我們全面的配合、同意、共謀。」

戰爭結束，獨裁者死亡，雖然表面歸於平靜，但往日以仇恨惡毒之名所撒的種子，仍待時日才得發散，那些猙獰的後遺症還需時間醞釀，才得以爆發。納菲西記述一次校園裡發生的事件，一位狂熱的伊斯蘭份子，在激昂的革命口號之後，引火自焚，引起校園一陣騷動。革命結束，戰爭消退，但這位狂熱的青年人似乎無法接受這些事實，他以自絕結束幻滅。自焚者正像許多極權主義風行草偃的時代，那些投身革命的青年一樣，熱烈響應領袖的號召，捍衛使命，效忠領袖，然而狂熱在他們身上留下諸多履痕。這些情節在納菲西的描繪下，竟帶著點超現實的意味。

1997年7月24日，作者舉家離開伊朗。書中鋪陳的故事、人物、情節，都屬事實，但都不可免染上點虛構色彩。無論她所呈現的伊朗，今天還存不存在，那個每週四的閱讀小組，已經形成一個典範，既是抒發啟迪的場域，也是探索抵抗的典範，至少那七位女性的哀樂，已足以在讀者心裡留下印記。她們生存的掙扎與抗暴的經歷，也成為許多讀者共同的記憶。

一個女王和一個時代
——讀維多利亞

　　幾年前離港前夕，我有機會與朋友夜遊維多利亞港。海港周圍高樓聳立，金碧輝煌的夜景，配上雷射煙花的點綴，似乎證明了香港繁華的活力並未減弱。看著港口兩邊紅塵萬丈的景致，深有所感。這座東方之珠曾為大英帝國賺進龐大利益，雖然近年來珍珠的光芒有日漸褪色之虞，中國當局仍然力圖振作。看著紛紜熙攘的船隻，倒沒有思想香港的未來，而是想起一個歷史人物，和這座港口昔日輝煌璀璨有關的女性。也許維多利亞女王最能代表帝國威榮的形象，最能顯示殖民地的豐盛富餘。最近訪問英國幾個城市，讓此形象更見鮮明。雖然歷史只剩餘暉，但仍有可觀之處。

　　1819年維多利亞女王誕生，她比馬克斯小一歲，但比馬克斯多活了好幾年。雖然她們之間沒有直接的關係，但從1848年開始，馬克思定居倫敦，巴黎柏林都拒絕他，一直到死，馬克斯都是留在大英帝國的治下。1848年歐陸各國同時爆發了革命，革命雖未成功，但讓歐陸動盪多時；也是同年，馬克斯和恩格斯出版了《共產主義宣言》。但有件事讓我深感好奇，為何歐陸的革命未在大不列顛群島上發生？這次的閱讀補綴了部分模糊的圖像，還有一些仍待探索，有些部分根本是奧秘。

在《英國的政黨》（Political Parties in Britain, 1738-1867）一書中，作者對於英國兩黨政治確立的背景，作了明確的描繪。書中說到1832年之後，幾乎所有從政人士參加選舉時都採用政黨標籤。這個時刻王室權力的明顯式微，更降低了超越政黨之外效忠王室的可能性。1837年在維多利亞女王登基前，兩黨政治的確立，成了一個重要的政治現實。換句話說政黨推派的候選人，他們對政黨和政黨政策的效忠逐漸多過王室。

書中也點出王室約束自身權力的舉動，也促進了國會權力的鞏固與擴張。從理論上來說，英國的君王至今仍然有權力拒絕國會通過的立法。但從十九世紀以來，從未有過國王或女王愚蠢到動用此一權力。同時，英王直到目前為止依然保有任命部長、解散國會和舉行國會大選的權力。然而，今天英王擁有的只是象徵性或儀式性的功能。英國政黨政治能夠逐漸成熟，原因固多，但和維多利亞時代國會推動的一系列改革息息相關。

英國的國會在1832、1867還有1884年，通過了三個重要的改革法案（Reform Acts）。這其間還通過了幾個次要法案，輔佐、支持主要的法案。法案讓各個階層，無論其社會地位或宗教信仰為何都能擁有參政權，特別是讓無產工人擁有投票權。法案使得王權退居監督卻不干政的地位；貴族階層的影響逐漸消退降低；擁有財富的中產階級真正主導政治的運作；勞工階層也逐漸擁有自己的參政空間。改革法案逐漸改變了憲法的內涵，不若激昂亢奮的革命，期盼在極短內時間改變一切。英國的經驗也告知我們那些緩慢漸進的改革，其實能走得更深遠。

在《英國千年》（The British Millennium）這本圖冊中，列舉維多利亞掌權的中期，英國內部各個階層中匯聚的改革力

量。這些改革者多數都是敬虔的基督徒，其中一位我們最熟悉的就是南丁格爾（Florence Nightingale），她改革了護理的觀念與制度。還有一位我們不一定熟知，但在北美的居民都認識他所創立的慈善機構：救世軍（Salvation Army），他的名字叫William Booth。另有一位貴族慈善家：Anthony Ashley Cooper，透過立法，他在國會裡推行各類法案，以期改良工人的工作與生活狀況。1847、1850、1859年國會通過三次的工廠法案（Factory Act），限制了工時的長短，逐步改良工人的生活品質。伯爵也興建住宅提供給工人住宿。

當然這其中最關鍵的人物還是英國女王，雖然她的象徵地位超過實質。但沒有維多利亞女王，也就不可能有維多利亞時代的誕生。利頓・斯特雷奇（Lytton Strachey）所著《維多利亞女王》（Queen Victoria）是歷來公認的經典傳記。他本是Bloomsbury Group的成員，作者將本書題獻給維吉尼亞・吳爾芙。他們二人曾有一段戀情，將這本奇女子傳記獻給吳爾芙夫人，也算相得益彰。

斯特雷奇在書中披露，維多利亞女王對女權運動深惡痛絕，認為這班人破壞了女性固有的天性與本分。這方面她們兩位有些差別。女王自幼喜愛藝術，中文譯本中穿插許多女王早年的畫作，她也是個絕頂率真的女性，從年幼他一直保持了書寫日記的習慣。女王的藝術天份雖比不上吳爾芙夫人，但氣質頗有相似之處。但女王統領帝國的恢弘格局，使其成為日不落國，她生兒育女（生了九個孩子）又監理國事的開闊胸襟，則是吳爾芙女士完全缺乏的氣度。傳記雖不長，但評述精湛，既沒有歌功頌德，也非挖掘八卦，而是忠誠反映她的七情六慾，

客觀呈現她對那個時代的影響。

　　從傳記裡才得知，日耳曼對女王的深厚影響。原來維多利亞的母親是德國貴族，她的舅舅利奧波得王子（Prince Leopold），日後成了比利時國王。維多利亞的夫婿艾伯特（Albert），原是她的表親。這眾多人物之中還有一位隱藏的智囊，也是個德國人，他本是利奧波得的私人醫生，叫做斯托克馬（Christian Friedrich Stockmar）。在英王威廉四世即將去世時，利奧波得差遣他到宮中輔佐維多利亞。書中將這些人對女王的影響與塑造，花了不少筆墨。

　　原本英國人對維多利亞的日耳曼夫婿，並不怎麼信任。他們的擔心與防範理由充足，當然他們對這位似乎謹守本分，卻睿智幹練的親王並不怎麼認識。要等到水晶宮（Crystal Palace）建造完成，他們才算開了眼界。這座由鋼骨與玻璃構建的建築物與它日後的大型展覽，讓艾伯特親王的威望達到極點。這個展覽也為將來大英帝國帶來空前的興盛與繁榮。1850年和1870年之間全球貿易增長了260%，大英帝國是最大贏家。到了1875年英國對外投資達到了十億英鎊，由英國發行的金幣數量增長了700%。這是歷史上第一次，也許是唯一的一次，英國相信她強盛的國力足以放棄貿易保護政策，而進行真正的自由貿易。

　　雖然英國人對艾柏特死後推崇備至，評價甚高，但終究他還是個外人。斯特雷奇有一段對艾柏特死後的測度與評論，很能說明英國人戒慎的態度，他說：「就一個大臣來說，即使他再能幹，再得人望，他如何能抵擋這位老王（指艾柏特）的明智，他的毫無瑕疵，他的因時制宜而獲得的至大威權呢？我們

很容易想像，這樣一個統治者，必定會把英國改造成另一個國家，就好比普魯士一樣有精密的組織，嚴謹的訓練，強大的裝備，專制的統治。」他引用了迪斯雷利的說法：「埋葬艾伯特殿下，我們就埋葬了我們的君王。這位日爾曼王子以我們歷來君王所未表現過的明智與精力，統治了英國二十一年整。……如果他比我們這些『老傢伙』活得更久的話，他一定會將專制政府（absolute government）的福氣賜給我們。」

艾伯特只活了四十二歲，照著史料的說法，他雖是得了傷寒病，但真正卻是操勞過度而死。以他的勤奮、睿智與堅決，可說是維多利亞背後的高人，不難想像他對英國的政策影響重大。如果他再活久一點，君權的走勢必然加強，民主政治的發展在英國必然大受衝擊。雖然這只是推測，但卻是合理的恐懼。當然艾伯特之死，受害最深的就是女王本人，她陷入極深的憂傷，而且為期甚長。有的人甚至說她長期寡居躲避政事，使得君權更進一步被削弱。

除了身邊人對她的影響，最重要的部分就是她和首相之間鬆緊的互動關係，其中我覺得最有趣的人物就是班雅明・迪斯雷利（Benjamin Disraeli）（1804-1881），他曾兩度擔任首相。有的首相與她相處甚歡，有的她卻恨之入骨。迪斯雷利之所以有趣，除了他個人曲折的冒險生涯，加上他是個小說家，且是個猶太人，這在反猶強烈的歐洲不能不說是個異數。1817年他的父親和當地猶太會堂發生齟齬，使他全家改信基督教。日後他寫小說，是因他投資股票嚴重失利，為了還債，迫使他動筆創作。為此他寫了不少通俗的言情小說，當然這些小說必須暢銷，才能解決債務問題。

1830年他進行了一次長途旅行，訪問了西班牙、巴爾幹半島、鄂圖曼帝國等地，歸來之後他決定從政。經過多次失敗，到了1837年，也就是女王登基那年，他終於在下議院取得了一席之位。迪斯雷利的政治觀點也是個有趣的現象，也是他頗富爭議之處。在擴張大英帝國的權勢與版圖上，他是個保守派；但在進行選舉改革上，讓勞工階層擁有投票權，卻是個激進派。迪斯雷利雖身處保守陣營，曾有一度在1847年期間，支持自由派，因為當時由John Russel領導的執政黨，去除了對猶太人參政的限制。我相信這和他是少數族裔不無關係，當然在敵手眼中他是個渴望權力的投機份子。

　　傳記中斯特雷奇對迪斯雷利的刻劃生動，文學筆法精彩鮮活。也許從中我們可以理解，維多利亞女王能從寡居的陰霾走出，和迪斯雷利恭維的辭令與高明的服事有關：「他不擅長疾風細雨、官樣十足的高談闊論；而喜歡在公務的道路上鋪灑鮮花，把一篇重大的議論擠縮成一句輕思曼妙的警語，用友誼和親切的態度曲折的表達出自己的意見。」1867年迪斯雷利勸服維多利亞女王接受印度女王的皇冠，她欣然接受。同年維多利亞回敬，加封他伯爵（Earl of Beaconsfield）的勳位。也是在迪斯雷利擔任首相期間，透過猶太金融家Rothschild銀行的貸款，大英帝國收購了蘇伊士運河，讓帝國的勢力擴張到近東地帶。

　　最近我有機會第二次造訪英國，經過幾個城市，同行的朋友目睹英國的情狀，發出這樣的評論說：「這個國家似乎是在吃老本。」我頗有同感。雖然有人把維多利亞時代當作保守反動的代名詞，但是英國不少的基礎是在那個時代打下的。最近搜尋、研讀這方面資料，發現BBC的評論似乎證實了我的印

象：「英國的主要城市格拉斯格、伯明翰和利物浦都起源於維多利亞時代。絕大多數歷史比較悠久的居住中心，包括倫敦，都是在維多利亞時期初具規模。」

有位史學家說：「至少就建築而言，英國仍然是個維多利亞國家。」BBC也提起：「維多利亞的遺產還包括下水和供水系統。這些工程在當時修建時被認為是工程奇蹟。在英國大多數城市這些供水和下水系統仍然在使用。英國和愛爾蘭幾乎所有的鐵路系統，包括橋梁和大多數火車站，都是在維多利亞時落成。」這次途經泰晤士河河濱，感覺河兩岸的壯闊，和塞納河的秀麗典雅不太相同。書上記載十九世紀泰晤士河臭氣沖天，讓人難以忍受，所以日後的工程為英國人帶來了紓解。

然而，維多利亞並非一路平順，1870年代初期是她最艱難的時期，「大臣們、報紙、民眾都站在一起，騷擾她、責備她、誤解她，對她沒有一點體諒和恭敬。」還好她沒死在七十年代，否則她就會在歷史留下臭名。1874年保守黨上台，使她扳回劣勢。Strachey說：「到她那個時代末期，君權的脆弱達到了歷史之最。說來蹊蹺的是，維多利亞之所以備受讚揚，是因為她容納了一種政治的演進，事實上，如果她徹底明白了這種演變是如何重大，一定會非常不高興。」這個現象讓我覺得很有趣，當日大英帝國權力的轉變，雖然君王的權力顯著降低，但君王的威信卻大大增強。

1897年是維多利亞女王掌權六十週年（Diamond Jubilee）紀念，她的威望達到極點。維多利亞女王所代表的道德、剛毅、勤奮、真誠的形象，讓當時全體英國子民愛戴臣服。綜觀她一生的日子，她代表的不只是一種抽象的道德形象，更是勤

奮務實的實踐。如斯特雷奇所說：「她的日子是在工作——為國家盡職，為家庭操勞——而不是在享樂中度過的。」反觀大清的慈禧剛好相反，她貪婪權力、敗壞朝政、封閉無知，使脆弱的大清帝國加速敗亡。當全世界各國都在進行革命，推翻王權的時刻，大英帝國的王室不但未曾傾覆，反得保存，在她的子民心中留下完美的形象。也許這一切只有英國國歌表達得最為傳神：God save the Queen, God save our gracious Queen。

蕭瑟的良心
——讀歐威爾

　　1984到去年剛好整整二十個年頭。

　　那年我仍在部隊服役，我們支援別的部隊演習，身上特意帶著歐威爾的《1984》，趁著空餘閱讀，恐懼與疑惑經常在腦海湧現。就當日而言，冷戰依舊，這個控制思想奴役人心的極權型態，的確在某些層面實現了。不料，幾年之後，共產主義在蘇聯與東歐竟然全面倒塌，還好《1984》裡恐怖的意境終究沒有真正應驗。當今猶存的共產國家也在政策上改弦更章，變得較有彈性。

　　最近我才發現，歐威爾本人對評論家將《1984》當成預言，並不贊同。他諷刺與控訴的意圖遠超過所謂的預言，就像《動物農莊》一樣，是他對史達林主義深惡痛絕的產物，雖然這兩部小說結構、筆法大不相同，但都表達了他深層的恐懼與批判。

　　歐威爾其實是個假名，他的本名叫Eric Blair，和日後的英國首相布萊爾同姓。要到1933他而立之年，出版第一部作品，他才開始使用這個名字。他的處女作可算是一部雙城記，但並非虛構，而是他在兩座大城掙扎生存的紀錄，書名叫《Down and Out in Paris and London》，原本他把這份手稿交給朋友毀棄，但他的朋友卻將之轉給一個出版商。出版商建議這本書

應該修訂一番，且不以真名示人。布萊爾接受了提議，他在倫敦期間曾有一段當流浪漢的經歷，經常使用假名，於是討論之後便拍板定案，喬治・歐威爾（George Orwell）就這麼誕生，日後他的聲名就由此奠定。書籍終於出版，評論家的反應也不錯，但銷路還沒好到他可以放下教職。

我手上的中文譯本《流浪記》（Down and Out in Paris and London），已近似古董，民國五十九年三月間由大林書店出版，還是第一版。直到去年四月間我才第一次讀完，連我都感驚訝，這本書擱置良久才見天日。從緬甸回國不久，1929年春天他到了巴黎，剛開始以教授英文謀生，但並未持續，末了他找到一份底層的工作，在一家飯店擔任洗碗工人。

書中談到他寫作的心境，他說：「貧窮是我要寫的東西，在這個貧民區裡，我首次與貧窮發生了接觸。藏污納垢，奇異生活的貧民區，是我認識貧窮的第一個課題，也是我自己生活經驗的背景。」貧窮在他筆下刻苦銘心，處處可見歐威爾在拮据之下蒸餾出的無奈與嘆息，但貧窮並未使他失去幽默，我想那也是在黑暗中度日的生存之道。下層社會正如他所描繪的，藏污納垢，不單是物質表象，也是人內在狀態。但這裡湧現著一種鮮活怪誕的活力，就好像蟑螂超凡的適應力一般，再惡質的環境，仍能生存繁衍。在巴黎他還有工作，但倫敦的部分，他連底層的工作也沒了，成了居無定所的流浪漢，到處漂流。這些淪落的經驗日後對他社會主義的信仰，有相當的關連。

其實選擇貧窮，與那些受壓抑的困苦人為伍，是他自己的選擇。他在一本書中《至維根碼頭之路》（The Road to Wigan Pier）透露，當時他要逃離的不只是帝國主義，也是每一種對

人宰制的形式。要反對這等勢力或當權者,就是要站在受壓制者這邊,他說:「當時失敗對我而言,似乎就是唯一的美德。」正因為他拒絕原本成長的社會階層,使他選擇底層的生活。在巴黎與倫敦的經驗,也塑造他日後創作的風格,新聞性強於文學性的風格。

至今我還有一點微薄的印象,第一次讀到《射象》(Shooting an Elephant)的故事,出自一個大學的英文讀本,我很認真查了字典。他記述緬甸人對他濃厚的敵意,同時表達他對英國當局的不滿,他的工作一直困擾、糾纏他的良心。最近重溫其中細節,對他身為皇家警察的羞恥,對充任殖民地剝削者兩難的處境特別有領會。那種糾結的兩難,在一個射殺大象的事件上表露無疑。

但他怎會跑到緬甸當警察呢?為何選擇一個叫他良心糾結的工作呢?

布萊爾生在印度,一個不高不低中產階級的家庭,表面不錯,但收入永遠不足支撐他們表面的階層,所以階級之間的界線與糾葛,也就縈繞在他們的生活周圍。他六歲的時候很喜歡鄰居的小女孩,她爸爸是個水管工人,布萊爾的母親對此非常警覺,害怕兒子和工人女兒走得太近,會讓他染上粗野的腔調。這個例證很能顯示英國中產者階級的焦慮。

1917年他進了Eton,一個培養精英的學校,但表現並不出色,他的鬆弛使他遠遠落後,班上十三個人,他排名倒數第二。於是進牛津大學的獎學金無望,只能另謀出路。他父親曾在殖民地印度擔任公職,也許這正是他選擇到國外發展的主因。於是,1922年10月間他啟程前往緬甸擔任皇家警察,年

十九歲，在那裡待了五年左右。這五年的歲月是個痛苦的旅程，對於緬甸的殖民社會或者英國當局，他都顯得格格不入。

今天來檢視歐威爾的一生，仍可感受他憂鬱而矛盾的性格，他的生命雖然短暫，卻是相當特殊多彩，起伏巨大。終其一生，他似乎一直在抗拒舒適、僵化的英國生活方式，無論是到緬甸當警察、在法國做洗碗工、在倫敦流浪、參與西班牙內戰等，他都是以行動來實踐理想。向來他也有意和當代文化主流保持距離，無論在倫敦或西班牙，都甚少和著名的文人來往。他曾經自道：「我和文學圈裡的人沒有太多廝混，因為我從經驗得知，因為一旦碰見或對什麼人談過話，就無法再對他顯示知識的殘酷（intellectual brutality），即使我覺得應該如此。」像一位評論家所指出的，他和別人相處雖然溫和，但他的文字卻是處處銳利而強悍，有時候不免給人不循情面且冷酷的印象。

1936年元月間就在他完成了新小說之後，歐威爾接受一個出版商的使命（也就是出版他《流浪記》的出版商），要他到英格蘭北方探訪礦工的社區，撰寫一部工人階層的生活報導。這次的旅程主要的收穫就是完成了《至維根碼頭之路》（The Road to Wigan Pier），根據評論家，這本書奠定了他日後政治作家的地位。其實這段期間，根據友人的說法，是他一生中最快樂的時光，期間他和一位女士Eileen Oshaughnessy結婚，他搬到Wallington這個地方，在他租賃的小屋中一邊寫作，一邊做點小生意，還畜養家禽、種植蔬菜，生活十分愜意。

但快樂的日子維持不久，當年七月西班牙內戰爆發，十二月間就在他完成《至維根碼頭之路》（The Road to Wigan Pier）

的手稿，便旋即趕到西班牙，當時他才結婚六個月左右。原本他是想到那裡擔任新聞通訊員，報導內戰的狀況，但經過對各地自願軍的觀察，他覺得自己更適合參戰，於是他從觀察者變成了介入戰事的共和軍。他加入了一個民兵組織POUM（the Partido Obrero de Unificacion Marxista）——馬克思主義者聯合勞工黨。

戰事爆發的開頭，英國大約有兩千位志願軍參戰，和各地的志願軍一樣，他們都認為法朗哥對民主共和的危害。這些人有工人、知識份子、無政府主義者、還有各類共產主義教條份子，可以說是支雜牌軍，出於對社會主義的理想與熱情，而加入戰事。英國詩人中參戰的，較出名的有W. H. Auden、Stephen Spender等人。

但是初抵西班牙的歐威爾在政治上仍然十分天真，他對左翼間的派系無法分辨，對其內部的鬥爭毫不知悉，以為在反法朗哥、反法西斯的旗幟底下，大家都是兄弟，他以為這些人像他一樣，都是為了人類共同的道德情誼（Common Decency）來此。當然，在戰事初期階段，他的確預嚐到一點無階級分別的社會平等，在日後的著作《向卡塔羅尼亞致敬》（Homage to Catalonia），他提到這段珍貴的經驗，當時從將軍到小兵大家領的是同樣薪資、吃同樣食物、穿同樣衣服，就是下命令也是基於同志間平等的關係，但同時他也承認這支部隊紀律很差。而這種大雜燴的組合雖有理想，但內部分歧，加上紀律鬆弛，比起法郎哥部隊相對目標清楚、戰鬥紀律較高，共和軍最後兵敗是可以預期的。

內戰初期，他從西班牙寫信給他的朋友，承認他對社會主義的認同。但隨著戰事擴大，那些美好的狀況漸次褪色，左翼

派系間的鬥爭與險惡逐漸浮現，他發現共產黨內部的宣傳機器一直對POUM扣帽子、貼標籤，定他們是法西斯同路人，和法朗哥狼狽為奸等等罪名，結果導致其成員紛紛被捕，領導人被暗中處決，成為內部鬥爭的受害者。他發現POUM和無政府主義者都期盼在西班牙進行社會主義革命，但蘇維埃當局的意願剛好相反，他們企圖消滅革命。這些事件使得他認識在反法西斯宣傳背後，史達林極權殘酷不仁的本質。原來法西斯固然惡毒，史達林的共產黨也毫不遜色。

1937年五月他中彈受傷，子彈射穿他的喉嚨，幸好沒打中頸椎，差點就打到頸動脈，只差一點點距離他就喪命。他被迫和妻子逃離西班牙，之後他對這個戰爭的貢獻，就是以記實手法回顧西班牙內戰，把所見真相披露給世人。然而，他並未因此放棄社會主義，他的社會主義信仰比較不具意識形態。要到他寫《The Lion and the Unicorn》，有的評論家才認為他背離了社會主義。

1947年他寫了一篇文章〈我為何寫作〉（Why I Write），回顧他寫作的歷程與動機。文中結尾的部分，他談到寫《Homage to Catalonia》的一個插曲，書中有一章特別冗長的篇幅，充滿了各類報紙引文，主要就是為內戰中的托派辯護（POUM當時就是被歸類為Troskist）。歐威爾提到當時一位他尊敬的評論家質疑他的做法，認為如此會讓一本好書淪為新聞報導，他也同意評論家的說法，但他別無選擇，因為當時的英國對此毫無知悉，他們是無辜的，那些罪名是虛假的指控。

我相信這正是他良心與正直明確的宣言，就像Lionel Trilling（前哥大的教授，著名的文學評論家）在本書美國版的

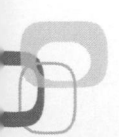

序言中所言，歐威爾雖不是天才或天生的作家，但他卻以一種單純、直接、無偽的智慧來面對世界。Trilling稱呼這類型的作家為典型的代表（Figure），他們導引讀者感知作品背後站立的道德人格。所以有位英國的作家V.S. Pritchett稱許他是我們「一代蕭瑟的良心」，也許我們可以說，他的確是文如其人。

在〈我為何寫作〉（Why I Write）一文中，歐威爾提出四個寫作的動機，除了謀生吃飯之外，有純然的自我（Sheer egotism）、美學的狂熱（Aesthetic enthusiasm）、歷史的衝動（Historical impulse）、及政治的目的（Political purpose）。他說他個人前三個動機遠超過第四個，但他所處的背景，及日後的經歷，使他理解工人階層的存在，也使他對權威的痛恨加劇，特別是西班牙內戰的經驗，使他的寫作逐漸形成了第四種動機。

歐威爾在文中透露，從小就有成為作家的意願，但有一段時間他幾乎想放棄這個念頭，甚至日後等他開始決心創作，認識他的友人都覺得無法恭維，他們覺得他的文字笨拙，歐威爾能在文字上形成風格，當然是日後錘鍊的結果。夏志清先生在一篇文章裡指出，評論家George Steiner認為《1984》屬於那種讀一遍忘不了（One-time-unforgettable）的作品，但等年紀大了再讀，就發現它毛病不少。就其藝術成就來說，也比不上Arthur Koestler的《正午的黑暗》（Darkness at Noon），一本討論三零年代蘇聯大清洗黑案情狀的小說。不管評論家的意見如何，《1984》的影響力卻仍然遠超其他著作。

歐威爾書寫的經驗相當坎坷，出版發表也不順暢。前面我提到他的第一本著作《Down and Out in Paris and London》，

差點泡湯，還好他的朋友適時挽救。他的第二本報導之作《至維根碼頭之路》，也是由同個出版商發行。但這位出版商卻拒絕出版《向卡塔羅尼亞致敬》，當時書還未動筆，可見出版商對歐威爾的政治態度與行動無法認同。

歐威爾於1944年二月間完成《動物農莊》，雖然他已經具有知名度，但這次出版卻有困難，有些出版商認為時機不對，因為大戰尚未結束，大英帝國和蘇聯之間仍有盟友關係。要到1945年夏季，書才得以出版。1944年是歐威爾非常多產的時候，也就是在當年，他讀到一位流放的俄羅斯作家作品《We》：一本反烏托邦的小說，引起他極大的興趣，1984年的構思靈感和這本書有相當關係。

1947年十月間在靠近蘇格蘭海岸的島嶼上，歐威爾完成了《1984》的草稿，1946年底他搬到這個Juro島上來，有幾位歐威爾傳記的作家都說，這個島嶼的天氣和不便是促成他早逝的原因。很難想像他會跑到那個島上去養病。1949年六月《1984》出版，立刻成為暢銷書，也成為美國「Book of the Month Club」的選書。就在他去世之前三個月，1949年10月13日他和一位認識幾年的女士Sonia Brownell結婚，似乎讓他享受了短暫的幸福，但婚姻並未能挽救他的病情，1950年元月他因肺癆死在病房中，享年四十六歲。

時空的落差雖然存在，閱讀總能產生新的發現，這就是古典能歷久而彌新之效，當然閱讀的人有了新的視野，古典也能因應、創造全新的體會。閱讀期間我想起1984裡幾句響亮而搶眼的新語言（Newspeak）：「戰爭就是和平、自由便是奴役、無知就是力量」。那不只是描繪極權宣傳機器製造的災難，那

也可能是假冒民主，實為民粹所製造的幻覺，沒有清醒的靈魂，就會失去分辨力，而深陷騙局。投票的權利雖然可貴，但投票卻不一定產生真實的民主。也許歐威爾的壽命不長，但作為一位政治作家，其作品與人格展現的澄澈，如同水晶的精神，在這個紛亂的時代，仍然深富價值。

完美的番紅花
——歲末讀伍爾芙

　　她在《贊助人與番紅花》裡強調，寫作是一種交流的方式，番紅花只有在人分享它的時候才是完美的花。這也是她不能同意作品生硬、晦澀的原因，因為堅持此道，結局就是失去讀者。

　　直到最近我才知道伍爾芙（Leonard Woolf）先生，也就是維吉尼亞·吳爾芙（Viginia Woolf）的丈夫，是個猶太人。當年他和維吉尼亞結婚的時候，他的家人全未出席。他的母親是個十足正統的猶太，對他的婚姻頗不以為然。除此之外，維吉尼亞這邊的親人也有人對此頗感不滿，她姐姐的丈夫Clive Bell就是其一。除了嫉妒，還夾雜了些許反猶情緒。雖然他們都是劍橋的同學，也是日後布魯姆斯貝里藝文圈（Bloomsbury Group）的成員。

　　昆廷·貝爾（Quentin Bell，就是Clive Bell的兒子）在一本回憶錄《Bloomsbury Recalled》裡說：「1930到1942年期間對里奧納多（Leonard）而言是個不幸的時期。」因為從1912年他們結婚以來到她自殺身亡，他生命最大的職責就是讓她活著，不至發狂。打從Virginia幼年開始，就體弱多病。她的精神狀態長年起伏劇烈，讓她徘徊病榻，出入各種療養場所。讀書寫作雖然成為她生存奮鬥的動力，但也常是她心力交瘁瀕臨崩潰的原因。

"A woman must have money and a room of her own if she is to write fiction."這句出自《自己的房間》書中的名言道出殘酷的真相，一個想要寫小說的女性，或說一切想要以創作小說為職志的女性，必須經濟獨立，而且還得要有一個思路不受打岔的創作空間。一個自己的房間，不只是象徵說法，更是個現實問題。維吉尼亞生前病情起伏劇烈，經常影響她的閱讀與寫作，婚後若非有個像伍爾芙這樣經濟、性情上穩定的丈夫，充分支持，多方照顧，她肯定不會如此多產。

雖然在她成長過程中，受過父權宰制的傷害，但她的丈夫作為一個理想的左派知識份子，對她寫作與健康的護衛不遺餘力。許多女權主義者視她的作品與理念為先驅，但沒有伍爾芙先生，就沒有日後完整的伍爾芙夫人。她投水身亡之前所寫的三封書信（一封給她的姐姐凡妮莎，兩封給她的丈夫）特別顯示了這個事實。我把其中一封信譯出來，給讀者分享：

　　我最親愛的：

　　　　我確信我又要發狂了。我覺得我們無法再經受那些可怕的時刻。甚且這一次我也不會再痊癒。我聽見諸多聲音，無法集中心神。所以我要採取最恰當的行動。你盡所能給了我最大的幸福。任何人能做的你都做了。這個可怕的病來臨之前，我信世上沒有人比我倆更幸福。我再也堅持不下去了。我知道我是在糟蹋你；沒有我，你才能工作。我知道，事情就是如此。你看，我連這張字條也寫不好，我也讀不下書。我要說的是：我這一生全部的幸福都歸功於你。你對我向來都是忍耐，無法說

你有多好。我要說的是這些大家都知道。若還有人能救我的話，也只有你了。現在，一切都消失了，確定留住的就是你的好。我不願再繼續糟蹋你的生命。我信，地上再沒人比我倆一起時更幸福。

V.（她名字的縮寫）

信中吐露的深沉心聲，滿溢著哀傷與惋惜之意，表明了伍爾芙先生無可替代的地位。

1912年8月他們結婚時，里奧納多三十一歲，維吉尼亞三十歲，年紀也不小了。從1913年初期開始他就紀錄維吉尼亞的身心狀況，也尋求醫學諮詢，理解他們之間能否有後代。但沒過多久她的精神狀態惡化，試圖吞安眠藥自殺，這也是她第一次因精神崩潰自殺，還好很快就被發現，但日後恢復所耗費的時間與心血委實驚人。這期間維吉尼亞經常遷移，最多的時刻有四個護士輪番照顧她，加上廚子及幫傭，的確造成里奧納多的經濟壓力，但期間病情起伏上下，要到1915年年底，維吉尼亞才總算恢復正常。雖然疾病煎熬，仍有喜事發生，維吉尼亞的第一本小說《Voyage Out》透過他同母異父的哥哥出版。

他們原本計畫在VW（伍爾芙夫人的縮寫）三十三歲生日的時候，購置一個小型出版社，但因病情復原緩慢，讓計畫耽延。終於在1917年三月間，買下了這個出版社，取名叫霍加斯（Hogarth Press），七月份推出第一部產品，是他倆夫妻二人短篇故事合輯。收錄了VW的《牆上的記號》（The Mark on the Wall）與LW的《三個猶太》（Three Jews），可以想見這本書的紀念意義。他們雖無子嗣，但這個小型出版社正可算是

他二人心血的結晶。

　　1918年期間他們輾轉收到James Joyce的《Ulysses》的稿件，日後在維吉尼亞的普通讀者裡，以Joyce為例，和三位唯物主義的作家對比，承認他的創意，但基本上並不認同Joyce的寫法。不論日後她的見解如何，當時他們明確拒絕出版本書。因為此書對他們而言篇幅太長，而且內容也可能使他們吃上淫猥的官司。但同年另一位作家的情況就完全不同了。一次大戰停戰日過後，一位美國詩人透過VW友人的介紹，帶著他的詩來到出版社，之後也成為密友，這位詩人就是艾略特（T. S. Eliot）。日後艾略特最著名的長詩《荒原》，也是透過Hogarth出版。

　　1925年出版的《普通讀者》（The Common Reader）頭一篇文章，等於是書的序言，也是她為自己角色所下的定義，作為一個普通讀者，不只是Samuel Johnson的觀點，也可算是她的期許，這些人不同於批評家和學者，沒有太高的教育程度，也沒太高的天賦。讀書不是傳授知識，也非糾正他人觀點，是讓自己高興，為了純粹的樂趣。對照她的生平，我們不難理解她謙虛的說法。因為她接受正式教育的時間不長，她學識的根源主要是透過私人教師，還有日後延伸廣泛的閱讀，而她父親豐碩的收藏恰是充足供應。也是有感於女子受到男性諸多不公的待遇，日後在她成名之後，兩所大學要頒發榮譽博士學位給她，她都拒絕接受。

　　我們讀她《普通讀者》的觀點，對於有些作者或書籍，因為年代久遠，或因全然陌生，讓我們覺得無法進入或產生共鳴。但是行文中精湛深入的剖析，優雅典麗的修辭〈甚至連讀

譯本都可感受得到〉，讓人不免訝異，那些表述常是非凡出眾，沒有特殊的稟賦，根本辦不到。例如她在〈論不懂希臘文〉一文中，她對希臘文的簡潔樸素，生氣盎然讚賞有加，對其音韻之美發出多方禮讚。雖然她說：「我們永遠不能指望像領會英文那樣完全領會一句希臘文的涵義。」但這正是基於她對希臘文深入的領會發出的感嘆。其實從1897年開始維吉尼亞就進入倫敦的國王學院修習希臘文，日後又透過一位私人的女教師Janet Case繼續深造。甚至她還曾在一個給勞工朋友進修的學校中開班教授希臘文，雖然效果不佳，草草收場。但維吉尼亞的希臘文造詣不錯，這點應當毫無疑問。

讀《普通讀者》讓我常感到VW對讀者反應深厚的關切，也就是說她心裡常常想到讀者，也許因為她自己也創作，所以創作過程中讀者的反應、評價、觀感都是她經常考量的因素。這是VW在書中經常透露的關切。所以她在《贊助人與番紅花》裡強調，寫作是一種交流的方式，番紅花只有在人分享它的時候才是完美的花。這也是她不能同意作品生硬、晦澀的原因，因為堅持此道，結局就是失去讀者。她歷數各方名家優越之處，而她所不能同意之處，批判指陳也是十分直接。對照她的傳記資料我就發現，她對別人的評價十分在意，起初這些讀者通常是她身邊的友人。但是等到她在文壇逐漸建立了名氣，每次推出新的作品，都是她精神狀態最焦慮的時刻，甚至感到痛苦不安，她的想像和預感使她無法安寧。和她在普通讀者書中呈現的雍容大度、氣定神閑有很大差距。文字呈現的世界和現實的確不同。有些作家堅持不讀任何評論家對他們作品的評論，但有些作家卻剛好相反。這也是VW難以排遣的致命傷。

還有一件是讓我覺得十分有趣的，也許和他們沒有後代有關。VW的身心狀態不許可有孩子，所以他們自然會把精力投注到其他事。當然寫作、出版都是他們的興趣，也是生活的必要。LW婚前擔任政府公職七年，都是待在錫蘭。這個經歷對他日後有何影響，我還未讀出來。但他有個嗜好，我覺得和他在熱帶的錫蘭居留有點關係。Quentin Bell在回憶錄裡說到他姨丈在蒙克之屋（Monk's House，吳爾芙家在Sussex郡的住處，VW的晚年主要在這裡度過），充滿各種寵物，而且很多來自熱帶。

　　昆廷說他什麼都能忍受，就是不能忍受一隻從南美來的大眼絨猴，名叫Mitz。他說這隻絨猴不只長的其貌不揚，就像當時納粹的宣傳部長Joseph Goebbels，而且脾氣暴躁，經常聒噪不安，善於忌妒，對LW的佔有慾極強。有次這隻潑猴逃離了他們的保護圈，跑到一棵樹上，無論怎麼呼喚、引誘都不肯下來。LW情急生智，趕快把老婆喚了出來，親切的挽著她的手臂。Mitz看到此景，醋罈子一時被打翻，立刻衝下樹來向情人抗議，鬧劇才總算結束。Quentin回憶LW甚至有一年（1935年5月間），載著牠穿過納粹掌權的國境。他擔心德國人若察覺這隻潑猴長得就像那位眼露仇恨兇光的戈伯爾，恐怕他姨丈會有三長兩短。我想LW有意這麼做，可能是出於氣憤。這隻Mitz其實活不過英倫的冬天，但在他們細心呵護下，竟也活了好幾年。

　　最後我要提的是電影《The Hours》中一點時間錯亂的問題。我信很多人看過這個影片，也對影片中穿插之三位女子的角色印象深刻。也許有人知道，電影所根據的小說《The

Hours》，是受VW的啟發。因為當年她寫《Mrs. Dalloway》尚未出版前所用的題目就叫做：The Hours。雖然電影是虛構的，但其中第一個角色維吉尼亞‧吳爾芙是恰有其人，雖然情節也有點虛構成分，但故事的推演是根據事實來發展。只是電影讓故事極度濃縮，讓人不知不覺接受了影片中虛構的時間。其實VW自殺的時候，二次大戰已然激烈展開。他們在倫敦的房舍與辦公室已毀於轟炸，VW和丈夫目睹那些場面，心情沉重可想而知。所以他們大多時間留在Monk's House，避開被轟炸的危險。而且自殺當年（1941年三月）的VW已經五十九歲了。但影片中的VW，似乎仍停在書寫《Mrs Dalloway》的1925年，她走入水中自盡，地點雖正確，但時間卻提前了不少。

我手上這本簡明的作家故事，提到這麼一件事。大意就是VW的名聲隨著時代的轉換起伏，但無論別人怎麼估價都無妨，她的書，包括日記已經都印成書，直接閱讀她的作品，才是讀者最好的判斷。就好像VW在《一個同時代人的看法》裡提出的論點，對同一本著作，兩個同時代的評論家發表了截然不同的觀點，有的認為是傑作，有的則認為是廢紙，南轅北轍的觀點於今尤烈。但是不管別人怎麼說，專家的意見固然值得參考，但他人的方法無論如何精湛，也許聽聽VW的建議很有價值：「只須依據自己的直覺，運用自己的理智，得出屬於你自己的結論。」我覺得這正是一個普通讀者最可貴之處，也是我們理解伍爾芙最直接的途徑。

毒舌評論
——文人相輕的例證

　　學生時代我曾讀過吳魯芹先生撰寫關於文人相知相惜的故事，心裡頗喜歡。然而這種狀態頗為稀有，文人彼此之間的輕視似乎更加普遍。也許有時候公開時不說，但私下卻是大放厥詞。我手上這本書《Fighting Words》蒐集了諸多當代西方作家及文人對他（她）們同行尖酸刻薄的評論，稱之為毒舌派一點也不為過。除了目睹他們對同儕的藐視排擠，也讓我們見識了他們自身的傲慢。這似乎是人之常情。恃才傲物，文人相輕，不是中國文人的專利，洋人不論大師或有點才氣的文人，抨擊起對手，口下筆下毫不留情。甚至有些文人打起筆仗，從朋友反目成仇在西洋文壇上還真不少。我印象中最深刻的就是Edmund Wilson及Vladimir Nobokov，雖然他們晚年和解，但他們彼此交惡的公案還是令人嘆息。

　　讓我舉幾個書中的例證給大家瞧瞧，就拿美國得過諾貝爾文學獎的兩位大師：海明威及福克納為例，以下這兩句話是他們對彼此的諷刺：

"He has never been known to use a word that might send a reader to the dictionary."

"Poor Faulkner. Does he really think big emotions come from big words?"

　　這兩句話恰好鮮明顯示出他們二位彼此不同的風格，一個用字簡潔，一個實驗性濃厚而複雜。所以福克納認為海明威用字膚淺，讀它的東西連字典都不必查；而海明威當然對自己十分肯定，他譏諷每個嘲笑他的人，以為用字深奧就可創造意境。

　　Carson Mccullers評價自己時，對他們兩位都有意見，她說：" I have more to say than Hemingway, and God knows, I say it better than Faulkner."她的才氣創意，讀者有目共睹，但是傲慢自恃也是如假包換。讓我再舉個例，也是對福克納的評判：

"Even those who call Mr. Faulkner our greatest literary sadist do not fully appreciate him, for it is not merely his characters who have to run the gauntlet but also his readers."

　　上面這句話果然毒辣，評論者叫費迪曼・梅傑（Clifton Fadiman），讀者可能讀過或聽過他的著作，以前新潮文庫曾經出過他著名的《一生的讀書計畫》（Lifetime Reading Plan）。我想不習慣現代小說的讀者可能體驗過某些艱難的過程，就像讀王文興《背海的人》一樣聱牙難耐。大概費迪曼對福克納的文風，及他故事裡痛苦艱澀的狀態感到十分不滿。所

以他說不只故事的角色得忍受夾道鞭笞的刑罰，連讀者也得接受同等待遇。他可能說出一點一般讀者的熬煉，但措詞也未免缺德了些。

有些作家的評斷直率且毫不掩飾，也不拐彎抹角。例如王爾德（Oscar Wilde）就經常如此："There are 2 ways of disliking poetry; one way is to dislike it, the other is to read Pope."這裡的Pope就是Alexander Pope。王爾德的話就像台灣的廣告，斯斯有兩種，言簡意賅，卻犀利十分。他對Henry James也沒好評："Mr. Henry James writes fiction as if it were a painful duty."我相信有些作家對他人之所以嚴苛，除了文人相輕的通病，和自己的個性大概也有關係。再舉個例，他對一位作家的評論："He leads his readers to the latrine and locks them in." 意思是這位作家的東西臭不可聞。

王爾德對自己的評價倒是頂誠實的："It is curious how vanity helps the successful man and wrecks the failure. In old days half of my strength was my vanity." 一個企求掌聲與名望的人知道，那種虛榮既使他備受矚目、贏得掌聲，同時也可能讓人身敗名裂，王爾德日後的羞恥讓我們深有體悟。

維達（Gore Vidal）也是一例，他和卡波提（Truman Capote）有過多年的恩怨。他對索忍尼辛的評論也是十分歹毒："He is a bad novelist and a fool. The combination usually makes for great popularity in the US."梅勒（Norman Mailer）也是，他對Beat Generation的代表人物Jack Kerounac，如許評價："That's not writing-that's typing."這種又短又毒的提法，倒是有點像廣東話的廣告「又平又靚」一樣響亮。

麥卡錫女士（Mary McCarthy）也是個鮮明的例證，之前我在吳魯芹的《英美十六家》裡就讀到這個故事。她曾經是Edmund Wilson的妻子，也是《宗派評論》（Partisan Review）的一員。有一次她在電視上接受訪問，曾對Lillian Hellman說過一句非常激烈的惡評，日後還因此吃上官司，纏訟多年："Every Word she writes is a lie; including and and the."當然這種提法表明他們多年的恩怨，日後研究的人也證實Lillian Hellman在她的回憶錄，捏造了一些東西，包括一個重要人物，也就是說她以虛構人物來裝填回憶，而這個故事日後還被改編成電影。即便如此，她的評論仍然過頭，她為此付出不少代價。

　　還有一個辛辣人物孟肯（H. L. Mencken），我印象中李敖很欣賞他。從他的自述看得出他是個如假包換的毒舌派："I never listen to debates. They are dreadful things indeed. The plain truth is that I am not a fair man, and want to hear both sides. On all known subjects, ranging from aviation to xylophone-playing, I have fixed and invariable ideas. They are not changed since I was four or five."他對自己熟悉的領域已經都有定見，所以若有人不合他的意，他的評價當然也不會客氣。所以這號人物必然樹敵甚多，對他有意見的人認為他病情沉重，無藥可醫："H. L. Mencken suffers from the delusion that he is H. L. Mencken. There is no cure for a disease of that magnitude."

　　有的作家認為自己的著作獨樹一幟，無人能比，他們對別人的評論不一定毒，但自我肯定之餘，有時也透露點酸

氣。例如濟慈（John Keats）談到拜倫："You speak of Lord Byron and me. There is this great difference between us. He describes that he sees, I describe what I imagine. Mine is the hardest task."當然他的成就有無超過拜倫，評論家自有公斷。

史坦因女士（Gertrude Stein）談到James Joyce的《Ulysses》的時候說"Do not forget my first great book Three Lives was published in 1908. That was long before Ulysses. But Joyce has done something. His influence, however, is local."但很殘酷的是，現在美國書店裡她的書並不多，甚至有可能找不到。除了專門研究文學的人，或文學的選集之外，她的讀者可能相當稀少了。當然讀《Ulysses》的人，也可能像E. B. White一樣，大概只花了二十分鐘左右，就讓這本書壽終正寢了。因為這個文字佈置的迷宮，一下就叫人迷失不知去向。

或者像納博科夫："James Joyce has not influenced me in any manner whatsoever." 雖未小覷Joyce的成就，但肯定自己一點不受其影響。這還是客氣的，他對其他人就不是這樣了，他的口氣就相當狂妄而溢於言表了："Many accepted authors simply do not exist for me. Their names are engraved on empty graves, their books are dummies, they are complete nonentities insofar as my taste in reading is concerned." 那些大眾普遍接受的讀物，對他而言是無足輕重的東西。文學終究很難像相對客觀的科學數據，見解和品味總是十分主觀的，這大概也是作家睥睨他人的原因吧。

兩個哲學家吵架的故事
——維根斯坦的火鏟

戰後，1946年的十月二十五日傍晚，劍橋道德科學學會
（Cambridge Moral Science Club），像往常一樣，聚在劍橋
國王學院的H3號房。

I.

校園裡的哲學家與哲學系學生齊聚一堂，通常藉此機會討
論各種哲學議題。這個時刻所以令人矚目，因為當天晚上的客
座演說是由卡爾‧巴伯（Karl Popper）擔綱，而聽眾當中除了
擔任主席的維根斯坦（Ludwig Wittgenstein）之外，還有資深
的哲學家羅素（Bertrand Russel）。雖然他發表演說的主題聽
起來並不算尖銳：「Are There Philosophical Problems?」但是
當晚的氣氛並不怎麼平順，因為在討論的過程中引發了爭辯，
甚至在情緒激動的時刻，維根斯坦拿起室內火爐用的火鏟，來
增強他辯論的語氣。於是這根火鏟，使得這兩位二十世紀哲學重
鎮的會面（唯一的一次），變成了一則流傳久遠的哲學界傳奇。

我想維根斯坦絕對沒料到，這根他無意拾起的火鏟竟成為
爭論焦點。他果真以火鏟來威脅巴伯？爭論之後是否拂袖摔門
而去？他們爭執的焦點是什麼？甚至還有傳聞說這兩位哲學家
用火鏟打起來了。這些看似娛樂新聞的題材，正是作者挖掘史

事，重現當日的歷史場景最精彩有趣之處。

本書的書名看起來就有點聳動與爭議：維根斯坦的火鏟（Wittgenstein's Poker）真可謂是一本小題大作的典範。本書的副標題是；兩位大哲學家之間十分鐘爭論的故事。雖然兩位主人翁只吵了十分鐘，可是卻費了作者三百頁左右的篇幅。作者是兩位BBC的記者；David Edmond及John Eidinow，他們以記者專業報導與探案精神從事挖掘，使得這十分鐘前後的演變，尤其是這兩人的背景與著述，發展成了一本精彩豐碩的探索。我前後讀了一個月左右的時間，不敢說是全神貫注，也算少有旁鶩，因為題材雖然嚴肅，但故事可是精彩無比，難怪本書會暢銷。

這不是一部奧秘抽象的哲學論著，而是一本充滿趣味、富有創意的專論，就像書後引介的說法，是一本集合了哲學、歷史、傳記、文學探案的綜合性文集。作者客觀中肯的精神，讓人印象深刻，書中對兩位哲學巨人的呈現，公正持平，美德與醜惡，性格的特點、獨特的貢獻，以及他們身上不可救藥的傲慢都客觀的陳列，沒有偏袒，也無刻意隱瞞。書中一個特點就是豐沛的資訊，就像偵探辦案，他們抽絲剝繭、鉅細靡遺，就是要把故事的始末還原給讀者。

巴伯應倫敦經濟學院之聘初抵英倫不久，他的重要著作《開放社會及其敵人》也剛在英國出版，這本書在納粹進入奧地利的時刻開始動筆，在戰爭轉折時刻完成，至終在英國出版，立刻為巴伯贏得了肯定。大戰期間巴伯留在遠離戰火的紐西蘭，但在他的著作中他已經對維根斯坦的觀點透露了不少批判。

　　另一面維根斯坦從摩爾（G.E. Moore）手中接掌了學會
（摩爾在職位上長達三十二年），但實則上，1912年在維根斯
坦抵達劍橋受教於羅素不久，就已經對道德科學學會（MSC）
的運作產生影響，當時他就推動學會產生一個能主導討論的主
席。摩爾之後被選為主席，擔任這個樞紐的角色，直到1944年
他因病卸任，維根斯坦成為主席似乎也是順理成章的事。但書
上卻告訴我們，此後的幾年維根斯坦和MSC的關係，就像他與
他人的關係一樣，狂暴又難測。

　　維根斯坦在劍橋的作風，不只是一般的師生關係，更接近
宗師吸引門徒的氣候。有位哲學家觀察到此一現象，他發現那
些跟隨者對維氏的敬重太過，以致當他提到別的哲學家，他們
竟報以嘲弄的口吻。Isaiah Berlin也有類似的經驗，他在傳記
裡提到他見到的景象，維根斯坦的學生彷彿就是維氏的翻版。
他們不只臨摹維氏的外觀，模仿他的聲音與腔調，甚至外在的
動作，至於內在的觀念思想就不必說了。聖經裡說過心裡充滿
的口裡就說出來，大致就是此意。維根斯坦對當時學生的影響
非常明顯。其實，他自己雖感受危機，卻也莫可奈何。

　　所以他的同仁雖然肯定他的學識，但對他宰制的作風也有
諸多不滿。就在衝突的現場，除了哲學系的師生，還有一位重
要的第三者：羅素。羅素原本是維根斯坦的精神導師，但是到
了1946年，他們彼此之間的關係已經變味了。1911-1913年其
間，維根斯坦和羅素經常徹夜談論哲學的熱烈氣氛已經不在，
其原因就如同維氏所形容的，他們身上無法相容的個性。維氏
不只對羅素的哲學觀有意見，對他私生活的狀態也有諸多不
滿。書上提到維氏是個十分專注的人，所以他無法容忍羅素某

些弱點，例如羅素言詞上的油腔滑舌，為了達到目的而甘心妥協，還有他對性與婚姻的問題喜好說教，卻十分放肆的態度，以及他堅持無神論且好戰的言詞。羅素對維根斯坦也無好評，他曾說：「他有路西弗（Lucifer，語出聖經，即撒旦之意）的傲慢。」這些都是維氏與羅素交惡的因素。

　　巴伯對羅素的態度就完全不同了，不只因為羅素在工作上曾經幫助過他，也是因為他剛到英國定居，對羅素在哲學領域的貢獻仍舊十分敬重，甚至近乎英雄崇拜的心態。巴伯對這次在劍橋的講論十分重視，書中談到他試圖將演講的題目與羅素討論，當然他期盼藉此機會能獲得羅素肯定，甚至使羅素對他的論點產生深刻印象，但是羅素對巴伯卻有點漫不經心。我猜想羅素並未認真研讀巴伯的著作，對他也就不那麼重視，所以日後羅素的自傳中，巴伯一次也沒出現。

II.

　　這次的會面竟成絕響，不能不說是個悲劇，也許這個字眼太過強烈。但是等到我們依循作者安排的路線，逐一查閱這兩位哲學家的家世、經歷、訓練、文化的薰陶等等背景，才發現他們竟然有諸多相似，可能讀者也會有同樣的結論。他們理當成為好友，他們是同文同種的猶太人，至少該有點同鄉情誼，但是他們的哲學觀點，他們一生所依恃的思辯批判的工具，竟使他們成為敵人。

　　到底他們兩人有哪些相似、重疊的領域呢？閱讀之間可能大家都會同感驚訝。

他們都有猶太血統，也都出身於猶太的名門，雖然巴伯的家比不上維根斯坦家那樣顯赫，但基本上他們都在極為濃厚的文化氣息底下成長（巴伯的父親是個律師，他的辦公室內有上萬本藏書，閒暇時以翻譯荷馬古典的著作自愉）。他們都喜好音樂，可以說他們都和當日重要的音樂家（荀伯格等）有極深的淵源，巴伯在自傳中回憶他母親琴彈得極為優美。他們都受過教師的訓練，也都有若干年擔任小學及初中教師的經驗。維氏於1920-1926年間在奧地利鄉間作小學老師，巴伯則在維也納擔任小學及初中的老師多年。他們出生的地點相隔只有一哩路，也都生在哈布斯堡（Habsburg）王朝的黃金時期（卡夫卡也和他們有同樣的背景，只是地點不同而已）。他們生長的範圍，正是當時文化薈萃、前衛文人藝術家集結之地。

還值得一提的，就是他們和佛洛伊德家族彼此交疊的關係。巴伯的父母和佛洛伊德的姊妹Rosa Graf是親密朋友，過往甚密。維根斯坦的姊姊瑪格麗特因為在少年監獄工作，也在大學中擔任心理治療的諮詢人員，為了擴大對精神官能症的理解，使得她有機會接受佛洛伊德的心理分析長達兩年之久。1938年三月間，佛洛伊德離開維也納時，還在一本書《The Future of Illusion》上署名，作為離別贈禮。

佛洛伊德的著作對維氏及巴伯的心智都產生了影響，但卻是兩種不同的結果。

維氏晚期的著作和心理治療呈現平行的狀態，但是巴伯卻取另一種反面的路徑，他將佛洛伊德的學說當作一種假科學的鬆散樣版。這又呈現兩者間知識趣味的分野，同樣的背景，同樣的取材，卻導致不同結論。

他們二人另外一個重要的關連，就是他們兩位和維也納學派或說維也納圈（Vienna Circle）的關係，本書用了許多篇幅來討論這個學派的形成和衍生。因為這個學派主要的理論：邏輯實證論（Logical Positivism），深受羅素及維根斯坦的啟迪。維也納圈的靈魂人物Moritz Schlick在讀了維氏的著作，並且於1924年親自和維根斯坦碰面之後，覺得他遇見了不世的天才。維根斯坦的觀念和著作，果然於日後在這個小集團裡引起了一陣小型的風暴。

　　《邏輯哲學論說》（Tractatus Logico-Philosophicus）於1921年出版，在1920年代中期成了維也納圈中的熱門讀物，本書在他們例常的討論中，經過學派成員逐字逐句細讀，不只一遍，而是兩遍。1933年A.J. Ayer（英國的哲學家）寫信給Isaiah Berlin時提到他對維也納圈的印象，他說：「維根斯坦對他們來說就是神。」而至於羅素，「就好像基督的先鋒。」當然這裡所謂的基督，就是指維根斯坦。這個簡單的敘述，已經很清楚顯示了彼此的關係。

　　巴伯雖然沒有直接參與維也納學派，但對這個圈內的動態與討論的問題一直保持興趣。就在1929年維根斯坦重返英國，巴伯也開始和和圈內的許多人物來往，而哲學圈內的朋友對他的評價都很高，但是從早期他就對維根斯坦的學說表示諸多不滿。不少次巴伯對人透露，他和維也納學派主要的問題，就是他拒絕承認維根斯坦是偉大的哲學家。日後，巴伯總是誇大他和維也納圈的距離。雖然他也肯定，但也論證其理論的問題，對此學派的學說進行批判。在自傳裡他甚至宣判這個學派的終結，他說：「我所認為的維也納學派和邏輯實證論瓦解的最終

原因，不應歸咎於它學說上的種種嚴重錯誤（其中許多我已指出過），而應歸咎於對重大問題的興趣的衰退；歸咎於埋頭於細節（『困惑』，puzzles），尤其是詞的意義；簡言之，歸咎於它的煩瑣哲學。」

從巴伯的自傳裡我們可以探得一點端倪，他和維根斯坦的觀點衝突之處，就是他認為哲學存在了某些問題，不光是像維根斯坦所說的沒有所謂的「問題」，只有語言上的「困惑」。巴伯訪問劍橋，也是盼望維氏能就此回答他的提問。但當時的氣氛並沒有對話或解惑的餘地，只有劍拔弩張的對峙。其實他們爭論的議題對我們大多數人來說，仍舊是個無解的疑惑。火鏟畢竟無辜，因為那是維根斯坦憤怒時的工具，但因為兩個哲學家的名氣，火鏟竟然捲入了爭議，因此也就分外醒目。

本書的第十四章作者歸結他們衝突的原因，不只肇因於他們對哲學問題或困惑的爭執，還有其他的因素，這個部分我覺得很有創見。雖然他們的背景相似之處甚多，但是維氏並不認識巴伯本人。對維氏來說，他成長孕育的根源是貴族型態（無論是物質或精神的層面）：他使用的英國服飾、法國傢俱、鄉村別墅、無盡的資源、經常的旅行、熟識文化界的巨人等等優渥。當日，他根本沒把眼前這個小資產階級出身的老師看在眼裡，這廂是維根斯坦的自恃。

那廂是巴伯的不滿。對他而言，維根斯坦不只是學院圍牆內的對手，更代表顯赫一時，表徵維也納財富地位昔日的光榮。他要藉此放手一搏，把他的觀點陳明在代表大不列顛學術重鎮的論壇之前。也許他的敵意不只是哲學流派的分歧，更是隱藏了市民階層對舊日貴族體系的挑戰。戰事和戰爭引發的通

貨膨脹，使他們以往的權利受到剝奪，他們被迫流亡海外，如今他們能平起平坐，在各自的領域表述差異。夾著他的著作受歡迎的氣勢，巴伯藉此機會挑戰維根斯坦權威的地位。

III.

書中也從多方面向討論他們對後世的影響。1929年期間，維根斯坦重返英國，他將那本他構思多年（大體是他在壕溝，以及在俘虜營的產物），但其實只有兩萬字的著作：《邏輯哲學論說》（Tractatus Logico-Philosophicus）提交給劍橋，作為他的博士論文。當時審核論文的英國哲學家摩爾（他的倫理學著作在Bloomsbury圈中有很深厚的影響），他的評述是：「這是我個人的意見，維根斯坦的論述是天才的作品。……當然它已遠過於劍橋哲學博士學位所要求的標準。」可見這個篇幅相對短小的論文，卻具備巨大的身量。除此之外，維根斯坦在世時只出版了另外兩本書籍，一本是根據他的講稿編撰的著作，另一本是他為小學學童編輯的德文辭典。

就著一個重要的哲學家而言，他生前出版的著作稍嫌單薄了些，要等到他去世之後，他的著作才紛紛出籠。因此生前除了哲學界之外，並沒有什麼普遍性的名聲，他從未獲得什麼大獎，也未獲得英國女王贈勳。當然，他的同儕從未懷疑過他對哲學獨特的創意與淵博。摩爾退休之後，最終由維根斯坦接替他教授的職位，當時一個學院裡的Don，一直和維氏保持敵對，但等到投票的時刻，他沒有因為這種敵對關係而失去理智。在他的理解裡，維氏在哲學領域的地位，就像愛因斯坦在物理學裡一樣。

　　但反觀巴伯卻是非常多產，可說是著作等身，他在世的時刻不只得到英國肯定，也在其他國家和地區也深獲殊榮。維根斯坦日後的影響力主要在哲學家與藝術家的領域，而巴伯則在商業、政治和科學等方面的範疇。

　　今天來讀維根斯坦所留下的哲學遺產，可能還是像往日一樣晦澀難解，就像本書的提法，他就像一陣旋風一樣吹過哲學界，但在餘波盪漾之後，一切復歸於原位。他啟發了許多當代的哲學家，但不免是也受到許多批判。維氏的貢獻在於他指出語言的屏障，語言就像具備遊戲規則的活動，植基於我們的習慣與生活型態，難免有些條框限制、混淆我們，作者認為他釋放我們脫開某些語言造成的蠱惑。然而說所有的哲學問題僅是因為語言的使用，那就大有爭議了。所以當今的職業哲學家還在為這些議題奮戰，就像知覺的奧秘，身心的關係等等，大多數的哲學家並不同意維氏所提的所謂困惑。

　　我覺得書中還有一些章節是作者煞費苦心的段落，試圖闡明當時的時空背景如何影響猶太人的命運。作者回溯他們兩人的家庭背景，與他們個人性格形成的過程。也交代了他們背後政治版圖與文化氣氛對他們日後的影響。尤其是種族問題，作者不厭其煩的闡述反猶的氣氛如何在世紀交替與第一次大戰後，強烈衝擊當時德語世界的猶太人。雖然他們許多人身分顯赫，財富豐盈，文化地位也舉足輕重，歸化的猶太精英對德語文化與奧匈帝國的強烈效忠，也遠超過其他民族，但當反猶氣氛達到高峰，他們的命運並未好轉。

　　書中提到希特勒早年曾經和維根斯坦在同一個學校上學，當這個不入流的藝術家窮途潦倒之際，曾經接受過猶太人接

濟（其中一位就是巴伯的爸爸）。但這些事實都無法改變猶太人即將面臨的噩運。就好像早年的馬克思，這兩位猶太哲學家末了都選擇了同樣的路徑，來到英國定居，在英語的世界發展他們的哲學體系。這可能也是個巧合？這個部分對瞭解二位主人翁，以致對當時的猶太人在德語世界的去向非常重要。閱讀當中，我常常為種族問題在歐洲世界深劇的浸染感到恐懼。也許，這不過是個縮影，人類當中種族的仇恨本就是其來有自，這些最文明的社會也無法免俗。

作者在接近尾聲的部分，問了這麼一個問題：Who won on 25 Oct 1946?

這個問題可能人言人殊，但總有軌跡可尋。其實，今天看來，這根本是個無足輕重的問題。作者說在嶄新的民主國家或封閉的社會，《開放社會及其敵人》仍保有其新鮮和啟示，目前這本書已經擁有三十幾種語言的譯本，新譯本正在等待誕生。然而在歐美，這些相對進步的社會，巴伯正從大學的講壇上消失，他的名字雖未被遺忘，然而名聲正漸漸淡出。作者的評論與其說這是失敗的代價，實則上是對成功的刑罰。現實的確是殘酷的，五十年後，還有多少人記得今天當紅的明星呢？

這個事件歷經半個世紀，二人也先後作古，然這本書出版的時刻還是在出版之後引起了一番爭吵與波瀾，但如今是應該塵埃落定了。在書末，作者還是不忘交代一下火鑓的下落：「這個故事的必要條件是什麼？在H3號房發生的事可能愈發清晰，然而火鑓的命運卻仍舊是個奧秘。多人的尋索並無所獲。根據報告，理查‧布來衛（Richard Braithwaite當日住在

H3室的教師）已將之丟棄，將學院派與新聞記者的偵察劃下句點。」

　　五十幾年之後，由於本書的出版，又再度引起一番唇槍舌劍。許多當日在場現今還活著的人，不論是偏巴伯或忠於維根斯坦的學人，假泰晤士報文學副刊（TLS）發表他們不同的觀點。不少還是各執一詞，但當日的情景藉由當事人的回憶，已經逐漸水落石出。書中的附錄將這些信件都登錄出來，讀者可以藉此知道事情的前後。值此瘟疫蔓延之際，如果台灣的出版界能翻譯此書，必能成為風聲鶴唳中的清涼補劑。以下的附錄是巴伯在自傳Unended Quest中所披露當日衝突的經過，還有他的評價，當然這是他個人的觀點，只供閱讀參考。

憂鬱隱匿的辯證
——讀班雅明《單行道》

　　幾年前我下決心讀班雅明（Walter Benjamin），是讀了一些，但結果並不如預期，像在大理石上寫字，痕跡是留下了，但大多不知所云。當然，這不能全怪我，班雅明像是個隱匿難解的怪傑，用一般的閱讀策略無法應付他迷茫飄忽、如臨夢境的語彙，即使語意你領悟了，他真正的意思仍需推敲揣摩。我有不少調適和新的發現，在經過些許努力的若干年後。

　　我手上有兩個中文譯本（《一九零零年前後柏林的童年》（Berliner Kindheit um 1900）、《單行道》（EinbahnstraBe）均由德文直譯，當然這避免了二手翻譯的迂迴。但譯本中（尤其是單行道）仍有不少地方讓我感到痛苦，不知譯者是故意將長句直譯〈那種拖沓冗長折磨靈魂的句式〉，好顯出譯者之智慧與深奧，或是班雅明本意如此？是作者消化不良？還是文本難解？讓我舉個實例：「貴族對貧與富的不予關心是完全不適用於機器製成品的。」也許，此句剔除六字還能保持原意（說不定你可以砍得更多），不會傷損閱讀，且語意較明朗。可惜的是我不懂德文，只能在中文上做文章。不過讀班雅明碰到阻隔很平常，不懂處可先略過，將來仍可舊地重遊。

　　評論家有時候將班雅明歸類為哲學家，我不能說不同意，但漢娜・鄂蘭（Hannah Arendt）有段話對他的定位，或說特

質，讓我深得共鳴：「班雅明精神實體的形成和活躍源於歌德，來自於一個詩人，而不是哲學家；他的興趣幾乎全部由詩人和小說家激起，盡管他也曾研究過哲學；也許他發現和那些無論是辯證的還是形而上學的理論家交流相比，與詩人們交流更容易一些。」班雅明著作中常提起歌德，無論是訪問他的舊居，評述、引用他的著作，甚至在夢中親晤歌德本人，接受他的贈禮，因而動容哭泣。他翻譯不少波特萊爾、普魯斯特的著作；在許多著作中結晶般凝煉的意象，如詩的結構與音韻，在在都說明班雅明身上詩人濃郁的氣質。

讓我舉幾個例子，就不難理解：「在一座城市中不辨方向，這說明不了什麼。但在一座城市中使自己迷失，就像迷失在森林中，卻需要訓練。對於這位迷失者，街巷的名稱必須像林中枯枝的響聲那樣清脆，市中心的小巷必須像峽谷那樣清晰地映射時辰。這門藝術我諳熟甚晚。」

班雅明把在城市迷失說得充滿美學意義，彷彿我們已聽見林中枯枝斷裂的聲響，正當我們唸誦街巷的名稱。尤其《一九零零年前後柏林的童年》，他回憶童年時自傳性體裁，經常透露、展現他憂鬱的詩人風格。當然他的回憶與文學、文化評論，一樣不好懂。文中謎語處處，意象隱喻繁複，很能印證漢娜・鄂蘭的說法。所以閱讀的人也該具備詩心靈動，切入他埋設的隱密街巷，感悟他的不規則心跳。

1932年班雅明已離開柏林，納粹即將登台。身居海外百感叢生，他提到書寫《童年》的動機：「身居國外的我開始明白，我即將和自己出生的那個城市做長久的，甚至是永久性的告別。」雖然在巴黎更讓他舒暢愜意，但伴隨他童年成長的城

市仍有不可替代的記憶。他自白努力節制這種情感,於是這部彷彿零碎切片的拼圖逐漸成形。他回憶的方式彷彿格局很小,就像圖書館內的微縮影片,或像Zip Drive。不像我們通常所見的傳記,刻劃時代經緯、交代政經變遷,而是那些微末不顯的小事枝節,帶著神秘氣氛,以透視眼光搜尋記憶角落,由遠而近,彷彿迷濛又十分深遠。

我們習以為常的閱讀策略,可能不敷使用,若在班雅明搭建的街巷裡迷失,也是充滿美感的經驗。

在《童年》一書中班雅明回憶他小時候常常生病。從病中我們可以讀出他古怪創意的觀察及敘述:「那倒楣的病不緊不慢,小心翼翼並機智敏捷地侵入我的身體。它不願招搖過去。」疾病雖然灰暗單調,但他卻非以浪費、羞恥的心態來面對疾病的缺憾,反而他處理的十分幽默,那是他戰功彪炳所獲的勳章。他說:「疾病就像它的悄然到來一樣又悄悄離去了。但是在我就要忘記它的時候,它卻在我的成績簿上向我發出最後的問候。……是的,那個成績簿上的紀錄在我眼中就像一列長長的榮譽標誌:缺課,173小時。」

這種類似詩的結構,或根本就是詩,在他的著作中俯拾即是。例如他回憶家中一座廢棄的腐朽亭子,由亭子的彩色玻璃,讓他聯想到多彩的巧克力包裝紙。他觸及的不是物質的甜味與芬芳,而是繽紛的抽象美感。他擅於將具象的物質領域與抽象的精神層面巧妙結合。然而敘述的思路卻與他人迥異,不習慣他的節奏和抒展的方式,就有乏味茫然的危險,對初接觸班雅明的讀者是一大考驗。

這種看似不連貫的行文風格，蘇珊·桑塔格（Susan Sonag）說得好：「他（指班雅明）的行文語句似乎天生就不循規蹈矩，不接前連後，寫下的每一句話都好像是第一句或者最後一句。……這種風格被不正確地稱為格言式的真實，稱之為無框架的巴洛克也許更恰當些。」由於他獨特書寫的邏輯，所以諸多句子讀來都像是各自獨立的個體。

班雅明生前好友不多，其中一位就是阿多諾（Theodor W. Adorno）。在他生命晚期，他放逐巴黎，經濟拮据，法蘭克福學派在經濟上支助他甚多，他也被劃分為這個學派的成員，儘管他很邊緣。所以日後班雅明的書信與著作，不少都是透過阿多諾等人的整理。諷刺的是，班雅明申請德國好幾所大學（包括法蘭克福大學）教職的論文《德國悲劇的起源》，遭到各大學拒絕，但日後阿多諾卻將此稿件，用來作為法蘭克福大學授課的教材。這也許可算是對班雅明一個遲來的肯定吧。

阿多諾曾撰文推薦《單行道》，對他多方肯定。他說本書的寫作技巧和賭徒的技巧相似，他認為班雅明在文中放棄了引申、決斷和推論，完全聽命於經驗，而這本書叫人驚顫之處首源於此。他申論：「然而，《單行道》並不只是由一系列無以推論的東西組成，偶而，證明的理性在那裡述說，而且帶有一種格言性的說服力，這種說明力並不亞於那種從整個生命流程中游離出夢境般的解析。」Adorno的說法印證我閱讀的印象，就是班雅明的書寫特別擅長捕捉那些幽微隱密的蹤跡，彷彿夢中之境，雖不好懂，但卻具備格言搶眼鮮明的力量。彷彿想像，也彷彿辯證，同時充滿歧義。這就是為何不同陣營的人可以依據各自的詮釋來拉攏班雅明，加入他們的陣營。他的文章

為人常讓人產生這種分歧。

日後他的好友多方整理引介，班雅明那些難以定位歸類、晦澀難懂的著作逐一面世。他們也整理班雅明多年的書信，撰寫他們之間友誼的回憶錄（肖勒姆Gershom Scholem所著《華特班雅明——一個友誼的故事》Walter Benjamin—The Story of a Friendship），挖掘闡釋他作品與生平的意義，班雅明模糊的影象逐漸明朗。他們雖都肯定班雅明的才華，但大概不曾預料他的名聲暴漲，像梵谷一樣。他們雖然多產，但生前默默無名，死後卻被肯定為大師。其中一部由鄂蘭整理編譯而成的英譯本：《啟迪》（Illumination），讓英語世界的讀者初識班雅明的魅力。書中精彩的導言由鄂蘭本人所寫，她稱班雅明為「最後的歐洲人」，幫助他確立日後的聲名。但文中對以色列國的敵意，以及對錫安復國主義的批判，讓班雅明密友肖勒姆甚為不滿。

1913年秋天在柏林一家咖啡館裡，肖勒姆第一次看見班雅明。聚會是由錫安復國主義的青年組織舉辦的，班雅明發表了一篇字句斟酌、修辭完美，卻折磨人的演說，根據肖勒姆的回憶。整場演講，他並未注視聽眾，只盯著天花發表自己的言論。講詞裡他並未完全拒絕復國主義，卻將之降低為次等地位。雖然初次印象不佳，但由於背景與愛好相似，他們很快就建立了友誼。

鄂蘭在《啟迪》的導論裡，談到當時猶太知識份子普遍的困擾，就是如何面對反猶逐漸擴大的潮流。她說對當時（卡夫卡等人）的猶太人來說，反抗的有效形式就是復國主義和共產主義，而這些知識份子的父親對前者的敵意遠超過共產主義。

鄂蘭的說法很有趣：「二者皆是從幻象變為現實，從謊言和自我欺騙到誠實存在的出路。」這兩種意識形態互相敵視對立，共產主義者罵另一派人是「猶太法西斯」，而復國派的人稱另一派人是「赤化份子」。而妙的是班雅明正夾於其間，他是個半心半意的Zionist，也是個打了折扣的Communist。根據鄂蘭的說法；「多年來，班雅明卻以一種引人注目且可能是獨一無二的方式，保持著對這兩條道路的開放。」在別人身上是矛盾，但在班雅明身上卻容許矛盾並存。

這也許正是肖勒姆不滿之處，他要將他心中的班雅明形象陳列出來。在《一個友誼的故事》中肖勒姆引用諸多信件，回溯眾多交流的往事，試圖將一個信仰質地堅強，深受猶太神秘主義影響的班雅明呈現給讀者。書中呈現阿多諾、布萊西特（Bertolt Brecht）等馬克思主義者對班雅明的影響，讓他走了岔路，讓他離棄了詮釋猶太傳統的路徑。本書的導言有這麼一段略帶負面的說法：「《一個友誼的故事》不只是關於班雅明的回憶錄，也是對班雅明的詮釋，肖勒姆要拯救班雅明遠離自己的『墮落』，也要拯救他留給後世的遺業脫離不法的侵占。」其實，這類型的詮釋四處可見，基於朋友的立場，肖勒姆烘托的回憶片段，仍能讓我們看見班雅明諸多複雜隱匿的面貌。

雖然他們彼此欣賞交心，多年來一直保持書信的往來，但肖勒姆坦承和班雅明交往並不容易。他說憑著直覺就可以感覺，班雅明總以矜持拘謹之牆環繞自己，所以要和他成為好友的確不易。他舉出三個要求；第一是要尊重他孤獨隱居的狀態，肖勒姆說這點對他不難，班雅明也感激他的態度。第二是

他對討論政治事件的極端厭惡，包括當日的戰事。這點倒是引起日後一點風波，因為肖勒姆日後參與班雅明書信的編選工作。不少評論者通讀選集卻不見對第一大戰的討論，驚訝之餘，他們把矛頭指向編輯，認為這是有意過濾。肖勒姆對此有番解釋，清楚表明班雅明的態度。第三是要忽略他的隱密要相當努力，因為那些隱密在班雅明身上清醒而憂鬱，卻叫他人驚奇而感到荒誕。

《單行道》成書比《柏林的童年》早（1928年出版），是少數班雅明生前出版的書籍。本書開頭的獻辭就叫我印象深刻：「這條街叫阿莎亞拉西斯（Asja Lacis）街／她作為工程師／讓整條街穿過了作者」。很難想像這條單行道，竟然是在一位女性的影響底下構築而成，而且穿過班雅明本人。而這位女性並非他的妻子，在肖勒姆所著的《一個友誼的故事》中對她有些介紹。一個來自立陶宛的布爾什維克，班雅明於1924年在卡布里島上認識她，日後因她訪問了蘇聯，也是因她班雅明開始對馬克思主義相關的著作產生興趣，也因為她促使班雅明與妻子離婚。但他們兩位至終並未結婚。這本書題獻給她，已經顯示拉西斯的影響力。

《單行道》譯文不少處難以下嚥，不若《柏林的童年》流暢。尤其譯者於每段譯文之後，都來段譯後感言，讓人感到蒼蠅亂飛，對理解本文無助，反造成擾亂。這本中譯其實也非全譯本，我參照哈佛出版的英譯，不少段落中文譯本都沒有。閱讀本書的確需要適宜注解，幫助讀者解決班雅明埋設的謎題。話雖如此，書中仍有不少精彩的地方，讓我們感到作者精湛獨特的創意，及譯者的苦心。

例如：

寫作一篇好散文要經過三個台階：宛如作曲時的音樂階段；宛如築瓦造屋的構建階段以及宛如織布時的編織階段。

永遠不要因為你沒有什麼可寫了而停止寫作。寫作是一種文學榮耀的命令，只有再定死的時刻（進餐、約好的事情）或者在作品完成之時才能中止。

工工整整地抄寫你已寫好的東西，以此填補靈感的空白，直覺將會在這個過程中甦醒。

在《單行道》裡除了上面這類富有創意的陳述，大多他的諸多短句像詩又像謎語，標題也頗奇怪難懂，如同帶著假面的先知四處漂浮行走，口吐恍若格言般睿智的言詞，但也像預言般難解。

上面引述的頭一句，班雅明命名為〈注意台階〉，無論我們領會多少，同不同意他創作的觀點，如果我們書寫的文字能具備音樂內涵（表示其動聽），具備建築結構（表明其扎實嚴整的構築），且有編織功能（顯示文章細密之狀），文章必然結實有美感。然而這對我們只能是個理想狀態，甚至連班雅明都不一定達到。但能心領神會，欣賞他精湛的詮釋真是樂事。

班雅明的作品鮮少觸及社會現實，即使提到也像隔一層紗，迷離恍惚，人不太感覺到強烈的痛楚，通常他都保持距

離。只有在《單行道》裡一個較長篇幅〈帝國全景〉談到威瑪時期的通貨膨漲，讓人感受他的焦慮與當時錯亂的狀態。文中仍有不少不知所云的部分，不光指班雅明隱藏的寓意，也是指文中的歧義。到底是因通貨膨脹造成的痛苦，還是指資本主義由金錢所構築的罪惡，如同地獄？這類型的疑問在書中頗費猜疑。

書中有篇文章講到郵票，讓我想到以往傳統書信的價值。雖然它慢速如龜，但等待加上距離遙遠，產生了難以想像的美感，所以收信，或說等待信件來到，總是帶來啟迪、感性與神秘；相較於今天，電子郵件雖快如閃電，雖能表述、陳言，甚至也能談情說愛，但不能否認，美感就是差了一大截。

我對抄寫獲致靈感很有共鳴，我相信這是書寫者共同的經歷。若是他生在今天，在一個電腦網路的時代，他應該更多產，更富創意，且更具實驗與前衛性，也能更深入他興趣的領域。班雅明的確遠遠超前他的時代，無論是觀念或他書寫的形式，至今他仍是閱讀挖掘的庫藏，仍待多向度的詮釋與理解。

追憶一個消逝的時代
——讀茨威格《昨日世界》

> 人,唯有經歷過光明與黑暗,戰爭與和平,興盛與衰頹,才算是真正活過。
>
> ——茨威格

　　留意到茨威格(Stefan Zweig, 1882-1942)是去年的事,到了今年我才開始購買、閱讀他的著作,最近我才知道,1930年代他的作品普受翻譯,居世界第一,他有不少著作都成為歐洲的暢銷書。但經過時日那些聲名遠播者,反而不若當日不知名的人。例如卡夫卡和班雅明(Walter Benjamin),皆是死後才受重視。

　　當日的歐洲猶太人,尤其是從事創作的文人,有不少相似處。茨威格比卡夫卡大一歲,都生在奧匈帝國治下,長在富裕的家庭,受過良好教育,都以德語創作,都在文化都會成長(奧地利、柏林、布拉格等等),正如班雅明一樣,他們很早就顯出創作的興趣與特殊天賦,也都有一群同好,和當地的文藝圈維持彼此長久的友誼。他們所受的教育和優越的背景,讓他們能跨越諸多文化語言,吸納歐洲文化的精華,普遍來說在他們身上歐洲意識遠大於猶太思維。尤其茨威格終其一生,企盼並提倡歐洲統合,雖然有段時間他和錫安復國主義運動的創

始人何索（Theordor Herzl）來往甚多，可以說他早熟的名氣和何索的提拔有關（當時何索在奧地利最具威望的報紙擔任副刊編輯），但他始終沒有改變大歐洲的思想。

茨威格比他人幸運，年幼就展露頭角，備受肯定，日後著作甚多。不若卡夫卡與班雅明，只有小範圍的文友知曉他們，著作也少有印行機會。今天這個局面似乎反轉了，不知名者反而上升。班雅明比茨威格小十歲，1933年因納粹流放他鄉，先後都以自殺結束生命。只是茨威格比班雅明更絕望，他雖逃到非戰區——巴西，已經脫離戰爭與死亡的威脅，不像班雅明陷於法西邊境，無法脫身，恐懼被遣送才自絕。我想起日後經歷大屠殺倖存的Primo Levi，也以自殺結束生命，外在的自由不一定帶來希望，這是猶太人無可言宣的悲劇。

回憶錄勾勒了兩個世紀交替中歐洲的變異，生動而深刻。他的青年時代時值維也納最燦爛精華的黃金時代，繼而他在歐洲各地受教育，遍遊各國，深諳歐陸最精彩的文學藝術，和歐洲最知名的文人藝術家來往，可算得交遊廣闊、見識深遠，他也歷經兩次大戰，體驗戰後嚴重的缺糧與通貨膨脹。1933年後他和許多猶太人一樣流亡海外，損失了大部份家業，在異邦生存。冷靜的觀察讓他苦澀萬分，哀悼那個舊有美好的時空日漸消逝，讓他提筆書寫這本回憶錄。《昨日世界——一個歐洲人的回憶》正是他珍惜卻變色的一幅泛歐全景畫，既闡明他個人成長的創作之路，同時亦顯示他身後劇烈起伏的歷史時空。

身處奧地利的文藝黃金年代，那種蓬勃的氣氛，由他列舉的事件可窺一二：「我們像患了熱病一樣渴慕知道一切，了解發生在藝術科學領域中的一切。……這其中對我們最重要的

事，就是閱讀。」他們在拉丁文法書裡夾著里爾克的詩，他們閱讀到手的所有讀物，他們借圖書館的書來讀，也彼此傳閱借到的書籍。但是「讓我們了解一切新鮮事物的最佳教育場所，始終是咖啡館。」為何是咖啡館？因為那裡不只是民主俱樂部，也是彙集各種雜誌報紙的地方，咖啡館文化和他們的閱讀習性不可分割。茨威格這麼說：「所以我們能知道天下事，我們有第一手材料。了解出版的每本新書，知道各地的每場演出，比較不同報紙上的評論。」而茨威格當時不過就是個中學生，但他的閱讀能量、探求新知的渴望，標示出維也納的文化氣氛。

學生時代的茨威格到過不同地方接受教育，他的見識更形開廣，他的泛歐思想也由此而加強。在柏林受教育期間，在他人鼓勵下，除了創作外，他也訓練自己從事翻譯工作，我覺得這對有志創作的人來說是個極有價值的鍛鍊，當時德國教育相當自由，茨威格有充分時間發展他的興趣，他說：「至今我仍然認為，從事文學翻譯是讓年輕作家更深刻、更創造性地了解母語的最佳途徑。……絞盡腦汁去發掘外語中這些最獨特的表述方式，又在母語中找到與之對應、同樣生動的用法，這種苦思冥想對於我而言始終是一種特殊的藝術創作樂趣。」這種訓練孤寂而艱辛，但樂趣也在其中。

茨威格提到他創作的一個傾向，無論他作品的文類為何，無論是詩劇、傳記、或歷史文體，他始終關注失敗者的悲劇。他說：「在我的傳記作品中，我的主人公不是現實中取得勝利的人，而是在道德意義上立於不敗之地的人。」所以他注意伊拉斯摩斯（Erasmus），而不是馬丁路德（Martin Luther）。

讀他的《人類群星閃耀的時刻》還有《斷頭王后：Maria Antoinette》我特別注意這個特點，以及他對失敗人物的關注與描寫，例如：他分析滑鐵盧戰役中拿破崙失敗的重要因素，提出了一個關鍵人物——格魯希（當時擔任拿破崙的元帥），茨威格說他是個平庸之輩，卻在最重要的時刻掌握了命運的權柄。由於他的誤判，使得滑鐵盧成了拿破崙兵敗一個不可逆轉的界碑。有的百科全書中肯定茨威格對歷史人物的刻劃，從回憶錄還有其他書籍都可看出他對此道之擅長。

他對時局的觀察十分留意，對這兩次發生在歐陸的世界大戰，深富洞察。第一次大戰發生前後，歐洲人對軍國主義這種稱謂十分排斥，可以說他們對文明的態度仍舊嚴肅誠懇，他說：「1914年的時候在人們看來，文明還是高於強權。諸如『神的利己主義』和『生存空間』這樣的口號全被視作不道德。」他比較這兩個戰爭的差異，由此也看出歐洲人心態的丕變：「我必須再三強調，在1914到1918年的時候，人們還有辦法喚起世人的良知，一個國家的藝術創作和道德元素在戰爭中還能有一定的影響，成為受人重視的力量。各個國家還在謀求人類的善意，還沒有像1939年的德國那樣，以非人的殘暴將他狠狠踐踏。」他沒有機會等到二次大戰結束，也無法目睹歐洲重建。但他所形容的殘暴對歐洲人與其文化的摧殘嚴酷深劇。

1917年大戰接近結束的時刻，茨威格的劇本《耶利米》準備在瑞士演出，讓他有機會出國。奧地利雖然參戰，但劇本反戰的言論，竟仍能在奧地利印行暢銷（戰爭初期狂熱的愛國情緒已略有消退），甚至連主戰派都對他保持敬意，這顯示歐洲在第一次大戰期間尚未喪失文明的氣息。當時瑞士雖保持中

立，但充分的言論自由卻等於另闢戰場：「那裡什麼人都有，但都是過客。在那裡，可以聽見各式各樣的的見解，最荒謬的和最明智的。」那些熱烈的爭論讓他感到興奮，也同感疲倦。但奇怪的是，作者卻觀察到「在精神上，大家對戰爭的感受比在祖國時更深切了。因為，人們在這裡能夠更加客觀地看待戰爭，完全擺脫了勝敗造成的民族利害。」

　　在瑞士停留的人形形色色，除了激辯的人群，還有另一批人，或是超凡物外；或是陷入糾纏，無法化解戰爭帶來的矛盾，茨威格刻劃人物形象的本事，在此又得到證明。這些人不少是混血兒，或跨越兩種國界；有人口操德語，心向法國；有的父母所生的孩子，受兩個敵對國家徵召，他們經歷難以形容的撕裂，不知何去何從。於是，瑞士便成了他們的避難所。茨威格在瑞士的咖啡館裡，也遇見了一位奇人：James Joyce。他簡短勾勒便清楚顯像，茨威格形容他額頭像瓷器般光亮，飽滿的額下卻匯聚繁複的詞語，在他嫻熟的調度下組合排列。他的憂鬱和政治無關，也許他正在和未完成的《Ulysses》搏鬥。茨威格描繪他的形象：「當我在大街上看見他，他總是緊閉著薄薄的雙唇，步履匆匆，好像奔赴某個目標。……我後來一點也不奇怪，正是這個人寫出了那部最孤獨的作品。他與一切都沒有聯繫，彷彿一顆流星墜入我們的時代。」

　　本書末後一章，茨威格花了一點篇幅，探討猶太民族的歷史角色，語重心長，感慨良多。猶太民族以往強調自己是神的選民，但如今許多人不再以此自豪，巨大的疑惑困擾他們，為何逃亡？到底何去何從？何處是家園？他們已不若往日，「神」不再是他們尋求的對象，他們只得尋求自己的解答。納

粹全面性的圍剿滅絕，讓猶太人痛苦煎熬，但同時卻也喚起他們共同的意識。我想起《舊約》哀哭的先知耶利米，常陷於兩難，既要接受神的差遣向百姓吐露真言，又同情以色列人的處境，他無法兩面兼顧。他知道以色列人被擄的命運，也領悟神的審判，但忠言逆耳，使以色列人厭惡他到極點。由此他經常哀哭，《哀歌》就是他最深的嘆息。我不知道茨威格創作的詩劇《耶利米》，是否表露了這種兩難的處境。戰爭期間，他深知危機就要降臨，那些喊口號，支持民主共和的人，其實都是牆頭草，納粹一旦來臨，這些人就會投降，立刻轉向。茨威格的觀察準確深入，卻無力改變現狀。

納粹發動戰爭之前，茨威格仍有機會旅行，當他途經西班牙短暫停留，他親眼目睹法西斯的勢力擴張，如同他在義大利與德語世界所見，他們崇奉暴力極權，在暴力面前，民主就像以卵擊石一樣脆弱。他憂心忡忡：「我不忍再看美麗的家園由於遭到罪惡的踐踏滑向了毀滅的深淵，在我眼中，歐洲由於自己的瘋狂已經瀕臨死亡，歐洲，我們神聖的家園，我們西方文明的搖籃和聖殿，正在走向毀滅。」他悲觀的語調溢於言表，經過戰爭摧殘，歐洲的確不是他心目中的聖所，如果他多活幾年，得知他的同胞被屠殺了六百萬之眾，可能他大歐洲的理想便要完全幻滅，可惜他已經失去耐性等候。

正如第一次大戰之後，歐洲從裡到外都產生變革，新一代年輕人有意和過去決裂，文藝創作風格丕變，不只年輕人，連老年人都搶搭時髦風潮，他對此風頗不以為然。他在書中紀錄了變遷的軌跡，但風潮就像水的流向，想要做中流砥柱，談何容易，但他已對得起自己的良心。這本書的最後一句話，就是

標題的引言：「人，唯有經歷過光明與黑暗，戰爭與和平，興盛與衰頹，才算是真正活過。」我們不一定非得如此才算是個人，但這卻是他六十年生命的見證。

藍色瞳孔裡的中國
——讀利瑪竇《中國札記》

　　剛讀到一則令台灣人汗顏的消息，連我在遠方來讀，都覺得難為情。那些將畢生歲月奉獻給華人的「外國人」，在他鄉居留了三、五十年之後，還沒有得到合法的居留權，還得經常出境，一直更新簽證才能駐留。反觀我們這些外國人，佔了本地人不少便宜，不到幾年的功夫，不只擁有合法居留的權利，我們還登堂入室，成了歸化的美籍華人，享受美國境內的各種方便，雖然我們也交了不少稅。比起那些口口聲聲熱愛祖國、愛台灣的海內外華人，這些藍眼珠的外國人對中國、台灣的愛恐怕是務實的多了。這個事件表明了什麼？中國人對外國人還有戒心？還是反正他們永遠是外國人，反正這裡又不是他們的家？

　　今天縮水的地球，無人能閉門造車。我們對世界認識的縱深，是幾十年前無法想像的寬闊，世界對華人與中國文化的認識理解也是空前便利。但對以往資訊、交通不便捷的時代，那些金髮碧眼的老外，從何認識中國呢？我一直覺得這是非常有趣，也值得研究的問題。相對而言，中國人對「洋鬼子」，又是怎麼評價的？這也是令人好奇的題目。小時候印象最深的兩個洋人都來自義大利，一個是馬可波羅，另一個就是利瑪竇。我讀過兒童版的馬可波羅遊記，雖然今天已經沒什麼記憶，但當時感受的異國情調、神話色彩，至今還有些餘留存。我小學

一位歷史老師，鄉音濃重，他提及利瑪竇的名字，有一種上揚的聲調，聽起來有點像「里麻豆」。從小我就對這位麻豆先生有好感，說不出所以然，直到近日我才有機會讀到他的著作。

《世界的中國觀》，副標題叫：近二千年世界對中國的認識史綱。縱論古今、牽涉極廣，是一本頗具野心的著作，也正因為結構太大，所以許多東西也就點到為止，所以它的優點同時成了缺點。作者的論述有許多引人入勝的創見，雖然有些地方意識型態的喜憎分明，但對讀者提供的全景鳥瞰仍有價值。透過本書可以知道，西方世界對中國的理解與探索是漸進的，且堅定持久的，雖然過程中同時充滿誤解，也有不少艱難險阻（例如旅程的諸多危險，及歷史上中國多次的鎖國政策），但是西方人對中國的興趣一直不減。

多年前觀看《河殤》電視片，看到片中對蔚藍色的海洋文化充滿期待，代表了中國改革開放、向外交流的強烈企盼。《世界的中國觀》一書中，也洋溢著這種殷切期待，中國必須正視西方商品背後的文化意義。作者在敘述中強調物質文化在交流中的地位，他說：「沒有物質文化交流的要求，就不會有開放政策的堅持；而且，正式物質上的交流，使任何冥頑不化的閉關自守政策，都難以把大門關死。」他也認為中國對西方物質文化的引進，卻忽略背後的文化深意，乃是一種近視。由此我就想到無論是在利瑪竇東來的時期，或者是在晚清的自強運動，中國人鮮有對西洋文化的理解與興趣，幾乎都停在物質層面，即使研究西方政經制度，也缺乏文化深度。中國人在接受所謂西方進步的文明時，太重視經世致用的觀點，太注意器物，我覺得正是中國理解西方最大的盲點。這點在《利瑪竇中

國札記》中，會有更進一步的討論。

　　作者在討論成吉思汗的武力擴張對文化交流產生的影響，有相當正面的肯定。蒙古勢力的興起，對當時的歐洲人及漢族人都是強烈的威脅，日後的史冊對元朝的霸業與建樹，評價不一。但是蒙古人建立的霸權，就像十字軍東征一樣，帶來更大、更深層次的文化交流。例如，這個時期中國的文物進一步西傳，同時吸引了大批商人和旅行家來到中土，他們的著作是日後西方理解中國的重要根據；也引發教廷派遣教士的興趣。日後天主教在元朝的興盛，表明了蒙古人對接受外來文化與宗教信仰，比明清時代要更開敞的多。

　　從馬可波羅時代到利瑪竇前後的時期，商人兼旅行家，以及天主教教士，這兩批人對所謂的中國學（Sinalogy）研究，奠定了重要的基礎，成為日後專業漢學研究的先聲。商人的記述比較務實，但缺乏深度，但是他們筆下傳奇的色彩，引發了許多探險家行動的靈感。但天主教傳教士的觀察較富深度，因為他們長期居留中國，並且研讀大量文獻，深入民間和執政當局交往，多方觀察中國文化的各種層面，所以他們的著作，也就免去了旅行家浮光略影、走馬看花的現象。

　　越讀西教士的紀錄，就越覺得中國人對洋人複雜的心緒。中國人既自大又自卑，既渴望又排斥，這種心緒似乎糾結著中國人數百年。從上述的事件，還有中共對外的宗教政策依舊可見。直到今日，中國政府對教士來華的批評，仍然留在1949年的水準，依舊偏頗狹隘。說他們是「帝國主義」的工具，對中國進行「文化侵略」，不能否認這其中有一部份是事實；姑且不論他們對中國人信仰的影響，單從表層的貢獻來說。幾百年

來西教士對中國的研究，對西方文化的引介，甚至對中國文化本身的貢獻，是有目共睹的事實。

今天中國對往日那些代表帝國主義利益，侵略、剝削人民的各種商業集團，大肆招攬，打開大門熱烈歡迎，但他們卻厚此薄彼，仍舊拒斥、貶損，甚至污衊西教士，仍然把他們定位為帝國主義份子，認為他們干涉中國內政。其實只要客觀檢閱歷史就會發現，這些西教士有許多是真正熱愛中國人、中國文化的人士，比起那些帝國主義份子要無害的多了。他們所受的排斥、誤解及艱難，並未使他們退卻，反之，他們許多人把生命無私的奉獻給了這塊土地，比起那些狂熱喊口號的人要具體、務實的多了。

明朝的大臣李日華曾贈詩利瑪竇：「雲海蕩落日，君猶此外家，西程九萬里，東將八年槎。躡潔專天主，經微別歲差，昭昭奇器數，元本浩無涯。」從這首詩裡我們依稀感到當時的士大夫對他的期待與尊敬，但是利瑪竇並非一帆風順，對於一個相對封閉自足的國度而言，利瑪竇一個外國人在中土的成功，以及他日後所受的肯定無疑是空前的。史景遷（Jonathan Spence）在他的著作《The Chan's Great Continent》裡這樣說：「沒有一個西方人對中國的文化、語言和社會的知識上達到他一樣的水平。」可見他在西方人中對中國的理解與引介上，是一座重要的界碑。

利瑪竇於1552年生於義大利的馬塞拉塔（Macerata），1571年在羅馬加入了耶穌會。1577年參加耶穌會差往印度的教團。1582年8月間抵達澳門，此後將近三十年時間，經過了肇慶、韶州、南昌、南京，最後從南京到達北京。1610年5月11

日死於北京，葬在北京城外。《利瑪竇中國札記》，無論從研究中國歷史，或理解當時中西交流的狀態，都是很有價值的史料。當然這部書的作者不只利瑪竇一人，還有一位重要的助手：金尼閣。1614年期間，金尼閣神父從澳門回羅馬的途中，將利瑪竇的日記譯成拉丁文，並在末尾補記利瑪竇的去世與葬禮，於1615年出版。這部書到了二十世紀的八零年代，我才讀到中文譯本，算是年代久遠的古書，但今天讀來仍覺頗有新意。

書中詳實記載天主教教士在中國的活動，本書的頭一卷幾乎是利瑪竇一個全面性的觀察記錄，從中國的名稱、版圖，一直談到機械工藝，民間風俗，以及人文及自然科學的應用，對中國的政府機構運作的觀察也有不少著墨。第二卷到第五卷則是利瑪竇及天主教教士在明朝的活動紀錄。

利氏以一個外國傳教士，一個外來觀察者的身分，清晰記載了中國科舉的複雜細節。由此來看，讀者可以領會他對中國事務觀察的細心，另一面我們看見了科舉對中國讀書人影響之劇烈，歷久而不衰。中國雖廢去科舉，但對科舉的鍾情已成了華人世界的集體潛意識，久久揮之不去。國家為要舉才煞費苦心，而讀書人要取得功名，歷程之艱辛也是筆墨難以形容。行文之中，利氏客觀陳述科舉各面的利弊，沒有激昂批判，只是冷靜的記載並適當表示他的意見。他也將朝廷防止舞弊的各種措施一一詳列，表明了制度設計上的應變能力。對於中國超越歐洲之處，他都適當比較，給予正面評價，對於不及之處，他也沒有故意藐視或貶抑。這都是利氏文獻明確的優點。

從利氏的記載，讀者也可以發現有些風俗流傳久遠，無論合理與否，到今天還是似曾相識。一個習俗建立之後，可能歷

經幾世紀都不會更改，除非社會遭遇強烈衝擊，否則那一套沿襲久遠的文化習性很難改變，而且還深烙在民族的記憶中，形塑他們的民族性格。例如中國人守喪的禮節，繁文縟節甚多，充滿虛假無謂的場面，記得胡適之先生曾經撰文倡導改良中國人守喪的禮節，但至今我們觀察許多傳統喪禮，仍然和利瑪竇形容的狀態差不多。唯獨今天是工商時代，至少守喪的時間縮短了，今天沒有人守喪三年了。又好像傳統的婚姻觀，明代社會中通婚並不考慮近親的問題，但是同姓不通婚卻成了一種約定的習俗，這種現象要一直到近代才逐漸消失。

當然傳教策略的運用是書中重要的部份，利瑪竇說：「任何可能認為倫理學、物理學和數學在教會工作中並不重要的人，都是不知道中國人的口味的，他們緩慢的服用有益的精神藥物，除非它有知識的佐料增添味道。」這段話說明了利瑪竇傳教策略的運用，是經過多方觀察，並且也相當務實。書中不少記載呈現了教士們並不拘泥傳統的中國禮節，為了達到深入民間，打入上層社會，利瑪竇並不像日後的教士堅持禮儀問題。在不犧牲信仰的環節下，他們頗能入境隨俗，我覺得這也是他們在策略上的彈性，使中國人能接納他們的因素之一。當然利瑪竇和天主教在明朝的發展能被接納，最主要的原因還是他們所帶來的西方科技的知識與運用的觀念，這部分抓住了官場與知識份子的口味。這位外來的和尚帶來了一些中國人全然陌生的事物與觀念，而這也是日後天主教到中國來的主要的發展和貢獻，為中國提供新知，在《世界的中國觀》一書中，有相當清楚的說明。至於他們的信仰，則相對被忽略了，甚至我覺得是被犧牲了。

　　譯者在書的序言當中有一段對利瑪竇評價的批判，我很難苟同，特地將它提出：「通常人們都認為『十七及十八世紀，耶穌會士是溝通歐洲和遠東文化的橋樑』……但問題在於以利瑪竇為首的的耶穌會士所溝通的是什麼文化？自從文藝復興以來，西方可以說就呈現出兩種文化的對抗和鬥爭：一方面是科學與民主的近代文化，一方面則是經院神學的中世紀文化。利瑪竇等人雖然也帶來一些近代的新器物，例如上面提到的望遠鏡以及世界地圖，但其整個思想理論體系卻是陳腐不堪的經院神學，是和近代科學格格不入的東西。」

　　我的理解是耶穌會教士之所以會成為東西文化交流的橋樑，是當時環境的需求，也是教士們無心插柳造成的。他們到中國的使命並非為了宣揚西方的文化與科技，主要是為了傳教，這是眾所皆知的事。利氏敘述中多次提到當時中國人自滿的狀態，民間也好，或知識階層都普遍認定，凡是外國的事物都無法企及中國的水平，外國人皆為蠻夷。但是等到他們見識了利氏的三稜鏡、自鳴鐘，以及他所繪製的輿圖（坤輿萬國全圖）等等東西，都表現了濃厚的好奇與興趣，從而對這班外國人重新估價。而耶穌會也就因勢利導，藉著贈送這些新奇的洋玩意兒，和高層結交朋友，建立良好關係。他們主要的企圖不是文化交流，而是讓中國接受天主教。只是當時的民間與士大夫對器物與觀念的興趣，遠大於利瑪竇背後的信仰。而耶穌會的教士當中飽學之士甚多，他們致力翻譯介紹中國經典，著書闡明中國的國情與習俗，同時也著手翻譯西洋的科學著作，皆是出於當時的需要。於是，這些貢獻也就成為日後專業漢學研究的奠基之作。所以苛求他們的觀念落伍基本上是不公平的。

再者，我們也可理解宗教改革對天主教造成衝擊，的確引起天主教內部改革。耶穌會的創立，及它在海外拓展成功，正是因應內部改革的結果。史景遷談到利氏在羅馬所讀的耶穌會學院，在科學與數學的領域上，有可能是當時歐洲最好的教育體制。事實也證明利瑪竇能備受中國士大夫的尊重與景仰，和他在這幾方面的知識，有莫大關係。而中國的知識界對西方事物的興趣與度量，也大致停留在這個層面。我很懷疑當時中國的狀態，能對抽象遙遠的民主觀念有多少興趣。不是我輕視古人，只要觀察今天的局面，就可以理解。想想看德先生與賽先生在中國倡導了多少年，到了今天民主的機制在中國人的政治上依舊薄弱。譯者對利瑪竇的批判，幾乎完全是意識型態掛帥。

如果說利瑪竇有什麼落伍之處，我的理解是，他在信仰上對中國人的引介太過薄弱。他的札記中很少引用聖經，也很少談到他對聖經與信仰的認識，他也未著手翻譯聖經，甚至他說翻譯聖經是件危險的事。他也甚少將西方信仰方面的著作介紹給中國信徒。所以當人來重估利瑪竇的貢獻時，除了他在科學與文化的領域之外，在神學與信仰的方面相當乏善可陳。他大概只把舊約的《十誡》翻成中文，再就是一些天主教的教條與戒規。我覺得他在信仰的內涵的導引上，建樹有限，這就使中國的信徒在信仰上無法深化。如果利氏有什麼落後不及之處，我相信這方面是他最深的弱點。

最後我要提一提札記的譯者所下的考證功夫，的確功不可沒。書中所提的人名、地名，以及中國官吏的名稱，甚至原著本身可能都語焉不詳，或有些混淆，但是譯者參照各類的譯

本，或查閱古籍將那些問題都解決了，這在閱讀上是一個重要的幫助，使讀者知道相關的資訊，而不致迷失。這也是本書特別值得推薦之處。

難分軒輊的排行榜
——閱讀文學排名

　　前幾年我參加了一個網路文學獎競賽，是我生平第一遭，可說是既靦腆又新鮮。雖然那些文字如今讀來實在不怎麼高明，但為了趕時髦、我也湊湊熱鬧。每天看著起伏的數字，轟嚷的競選言詞，不免感到厭煩，但既已參賽，只得硬著頭皮堅持。當時參與的人大約有兩千多位，但要從兩千多位中產生一百位，然後再從一百位選出頭三名，的確是一件頗費周章的過程。

　　如何產生真正的文學獎得主呢？這恐怕是個糾結且富爭議的問題，因為文學向來就是非常主觀的事。如果只是少數人決議，那還容易，因為就是幾個專家你來我往的意見，但是有機會讀讀參賽者的討論，看那種紛亂的狀態，酸澀溢於言表，就知道要產生排名是一件頂不容易的事。

　　說到排名問題，我當時讀到遠流聊齋的討論，提到最近一個挪威的讀書會，他們訪問了當代重要知名的一百位作家（共計五十四個國家），要選出世界上（不分時空）最重要的一百本書。很奇特的，脫穎而出的竟是唐吉軻德（Don Quixote），超過百分之五十的作家選擇了本書。有十個作家的書獲選兩本以上，例如莎士比亞、杜斯妥也夫斯基、托爾斯泰、卡夫卡等等。上選的一百本書當中，三分之二是歐洲人

寫的。一半以上是上個世紀完成的，其中有十一位是女性，中國人只有魯迅上選。而也有些出名的作家抵制（如Isabel Allende），或乾脆拒絕投票（如Garcia Marquez）。

　　我覺得這種態度也不錯，因為問題果真難以決定。因為那是作家的選單，普遍代表他們的文化觀點與文學品味。換了其他領域的人或不同時代的人，差距就大了。如果讓一般讀者（尤其是東方的讀者）來選，東方人當然會增加，但是還是應該有不少會和前列的作品重疊。不去管排名，許多書和作家已經在文壇上，在讀者心中留下了鞏固的地位。說到這裡，我就覺得中文著作被譯成西方文字仍是一大缺憾，當然譯出來之後，西方人能理解、欣賞多少還是另一個問題。不過將來中國的國勢如果強大，說不定局面就會轉變。

　　說巧不巧，我恰好在圖書館借了一本書，書名就叫：《文學一百》（The Literary 100），書籍的作者叫Daniel Burt，前面是選書，而這位老兄的選單是以人為主，而且範圍很大。他的企圖是對各民族裡面文學創作的小說家、劇作家、詩人進行評估與排名（可以想像得到這工程有多麼浩大，我懷疑他到底讀過多少本），這本書評估的標準是這些人的影響力。當然這種評比，比前述選書的爭議性更高，而且選單主要是這位教授個人的品味，所以主觀甚至偏見都是無法避免的事。

　　書中上選的中國人有三位：杜甫、曹雪芹、魯迅。上選的日本人也有三位：除了紫式部之外，還有兩位，根據茂美呂耶（Miya）的幫助：一位叫谷崎潤一郎（Tanizaki Junichiro），還有一位叫世阿彌Zeami Motokiyo。印度只有一位上選，就是泰戈爾。前述的書單裡還有非洲人，但文學一百裡非洲人一位

也沒上，雖然名單中也出現了幾位美國的黑人作家。其實這也可以理解，一個貧窮的國家，不太容易產生豐富的文化，人從出生到死亡都得和生活抗爭，連吃飯都成問題，你寫的東西如何給自己的同胞閱讀？也許只有死後，等待有心人的挖掘與發現了。

本書選列的頭三名依次是莎士比亞、但丁和荷馬。我覺得還不錯，接下去就有不少人我不太同意了。我發現書中選擇的詩人我不太同意，或說產生共鳴，但是想想「詩」是我閱讀最貧乏的一環，不要說他們的詩我沒讀過，連名字都感陌生，所以就影響力而論，我根本不會選詩人。所以這就變成我的偏見與缺欠了。

閱讀作者對這些作家作品與生平的評述，是一件頂有趣的發現。雖然有些人我們已經耳熟能詳，甚至讀過他們的傑作，但是某些段落仍有發現新大陸的樂趣。這些影響力深厚的作家，有些生前就已經名利雙收，甚至非常暢銷；有些則寂寂無名，到死後才獲發現及肯定。

然而受歡迎能否代表影響力呢？也許可以，但是熱烈的人氣與暢銷的數字，不一定有深遠綿延的影響力，有可能只是煙火現象。一段時間過後，那些炫目的火花就煙消雲散，他們的名字很快就被遺忘。我懷疑百年後還有誰會讀瓊瑤？

但有的作家及作品卻未隨時空轉移而消散，這些人物當中，最教我感興趣的就是狄更司和巴爾札克，他們都有一個特點，就是一生創作不輟，多產，但仍有不少傳世之作。大評論家Edmund Wilson如此肯定狄更司：「從莎士比亞以來英國最偉大的戲劇性作家，在他的筆下創造了最巨大、最繁

複的世界。」但是狄更司會成為作家，並不像奈波爾（V. S. Naipaul）那樣從小就立志當作家，而是意外造成的。他本來是受雇紀錄倫敦東區的運動通訊員，結果卻是無心插柳柳成蔭。他把記錄演變成一部小說：《The Pickwick Papers》，成了十九世紀風行一時的暢銷書。他一路寫下來，直到1870年中風身亡，最後的作品並沒有完成。

巴爾札克（Honore De Balzac）的故事，更是充滿傳奇色彩。巴爾札克的父親本來是農民出身，他發憤圖強，結果使他得以走上仕宦之途。巴爾札克長大之後，在他們的姓氏之前加上一個略帶貴族氣息的前置詞DE，表明了他的家族熱切上昇的渴望。

和狄更司一樣，他們都有異於常人的稟賦，比如：他們都是了不起的讀者，也有超凡的記憶，加上敏銳的觀察，在他們日後的創作生涯中，這些能力都在他們筆下的故事與人物中表露無遺。

巴爾札克最先想嘗試寫部悲劇，但是沒想到他把劇本讀給家人聽，卻無好評。日後他說：「這一切都顯示我不擅於寫悲劇。」於是他把方向轉為小說的創作。從1829年開始，巴爾札克用本名發表了第一本小說，直到1850年死亡為止，二十一年間他完成了將近一百本長篇與短篇小說。巴爾札克野心龐大，他系列性重大的寫作計畫：《人間喜劇》（The Human Comedy）原本計畫寫一百四十四部，最終只完成四十部。他把此系列的作品稱之為Human Comedy，其實意圖很鮮明，就是要和但丁的神聖喜劇（The Divine Comedy）互別苗頭。

可能不少人都像我一樣，只知道或只讀過他的《高老頭》（Pere Goriot），其他大概就不甚了了。這當然跟翻譯有關，也和讀者的興趣有關，印象中台灣的出版界對巴爾札克小說的譯介並不多，所以對他的理解和興趣自然十分有限。但有的人卻對他的評價卻出奇的好。恩格斯（Friedrich Engels）說：「我從巴爾札克所學的，比從專業的史學家、經濟學家、統計學家的總和都要多。」恩格斯大概比較不是從文學欣賞的角度來閱讀，而是從社會科學的方法來切入，可見巴爾札克對法國社會的觀察必然有獨到之處。

而最有趣也是最古怪的事，是他創作的習慣與方式，因為他能多產不是沒有原因的。巴爾札克終其一生一直維持這種創作習慣：每天大約八點上床，然後半夜起床。披上一件白色喀什米爾羊絨的僧侶道袍，腰上束著金鍊，開始他一天的工作（這種穿戴有點儀式味道，Toni Morrison在他的寫作習慣中，也透露了這種味道。）他會一路寫到天亮，伴隨著無數杯的咖啡來支撐他的精神。根據研究估計，他一生大概喝了五萬杯。乖乖，這可不是小數目，我以前就風聞他是咖啡過量而死。

然後他會在熱缸裡泡一個小時，接下來他會修改準備付印的校稿。午餐過後，巴爾札克會再回頭改正他的書稿，書寫信件（我記得他曾經鼓勵人寫信，認為這是一個鍛鍊文字風格的手段），一直到五點。之後他也許和朋友碰面，晚餐，八點以後就寢，周而復始這種寫作習慣。要持續這種作息，的確要有驚人的毅力才能奏效。據說他寫作就像他說話那麼快，聽起來很誇張。但是要在二十一年寫完一百本書，速度不夠快，絕對辦不到。所以如果要以量產排名，巴爾札克拿下第一應該沒問

題，雖然有些暢銷、通俗的作家產量可能比他還大，但耐得起時日篩選淘汰，仍能遺留後世的為數真不太多。

另一類人物，和狄更司和巴爾札克迥然不同，他們的作品若非被低估、忽視，就是引起許多非議，不然就是徘徊在貧窮邊緣。要等到日後，他們的作品才被評論家及讀者肯定。卡夫卡、梅爾維爾（Herman Melville）都是這類人物，今天大抵他們的地位已經如同紀念碑一樣鞏固，他們的作品也超越國界，成為世界經典。但這一次，我倒是發現了一個十足陌生的名字：羅伯特·穆西爾（Robert Musil）。前面兩個名單中都列出了他的巨著：《沒有個性的人》（The Man Without Quality），有的評論家甚至把這本書和《往事回憶錄》、《尤里西斯》、《魔山》同列，認為本書是二十世紀的巨構。最近我才知道這本書已有了中譯本，由北大一位德文教授譯成，在大陸出版。

穆西爾生在奧地利一個富有家庭，而他家庭的事業和文官、軍隊、科技等領域有關，日後他也進入軍事學校就讀，詩人里爾克（Rainer Maria Rilke）也曾讀過這所軍校，但過不久他便輟學，軍校給他留下極為惡劣的印象，他稱軍校是「魔鬼的肛門」。日後轉入大學研習工程，工作幾年之後，他放棄與他家族事業有關的領域，他發現真正的志趣乃是寫作。

穆西爾留下的作品不多，剛好和巴爾札克相反，他產量不多，這方面和喬依斯相像。從1924年直到1942年故世為止十八年時間，他把所有力量投注在《The Man Without Quality》的寫作上，但事實上這本書尚未完成。1995年，本書得以新譯本（英文譯本）面世，合計約一千六百頁。我想他的企圖就

是語不驚人死不休罷！如果要比寫作緩慢的速度，或者寫作的厚度，穆西爾應該是第一名，若不是因他腦溢血身亡，這本書應該會寫得更久，厚度也可能逼近兩千大關。穆西爾這方面的素養在華人作家中，大概只有王文興可以媲美（他寫《背海的人》花了二十五年才完成）。

　　觀察比較這些作家與作品，是一件很有趣的事。有些作家以大量生產，探入各種社會階層，創造諸多人物情節，以全景畫來展現那個時代的縱深與風貌。但有的作家剛好相反，他們量產不多，但是他們集中精力將神話、歷史、謎語、對人類前途的關切等等重大問題，全濃縮在他們的巨作中。前者與後者表現方式，有很大不同，但是雄渾的企圖與藝術的表現，其實難分軒輊。涉及抽象的領域人無法排名，但作家筆下呈現的世界觀、對人性的洞察，在閱讀期間對我們人生與世界的看法，產生潛移默化的功效。這方面也許我們可以說，作家與作品的影響力是能測量，甚至是可以排名的。

掃羅之死
──讀貝婁的回憶

　　學生時代我曾把《雨王韓德森》（Henderson the Rainking）讀完。如今對故事情節已經模糊，但對主人翁深處的聲音印象深刻，讓我想起《野性的呼喚》裡那隻受族類呼喚而返回原野的犬。日後讀到吳魯芹的《英美十六家》，他訪談的作家中也包括了索爾・貝婁（Saul Bellow），我發現連貝婁都認為本書是他最好的作品。多年來我一直想讀《擺蕩的人》（The Dangling Man），結果不知蕩了多少年，始終都沒擺進去。最近幾年，我像個過路的瞎子一樣小心緩慢，把《何索》（Herzog）讀完。摸索了相當時間，仍像在五里霧中。小說雖然艱深，但何索的神經質形象已深烙腦海。

　　這個月貝婁終於離世，享年八十九歲，按中國人算法已超過九十。1920年代，貝婁出生地的市政廳發生火災，把他的出生證明給燒了。日後他都是在六月間慶祝自己的生日。經過了五次婚姻，最後他以八十四高齡又生了個女兒Naomi。讀聖經的人也許知道，拿俄米的原文意即sweetness。也許，我推測，這個晚年出生的女兒讓他頗覺甘甜。貝婁原名並非掃羅（Saul，一個聖經中不怎麼討喜的名字），而是所羅門（Solomon），貝婁的姓原本是Bellows，日後開始創作，他把S去掉，改名換姓，以索爾・貝婁聞名於世。

James Atlas（貝婁傳的作者），在《時代雜誌》上回顧貝婁的生平與作品。他強調貝婁多數的作品，就像何索一樣，本質上就是貝婁的故事：充滿了各式女性，他結婚五次，忙著各類生氣蓬勃的吵鬧，有時是激烈衝突，和他三個兒子、情人、作家，還有老朋友。他宣稱為了寫作，必須撕裂他的生命。何索在小說故事的發展裡拼命寫信，大體都是在爭辯。他寫長信給他的前妻、寫給海德格，甚至還寫給神，和他們理論，表達他生命各類的不滿。

　　這段敘述倒是讓我想起一部關於紐約三部曲的電影。故事之一，刻劃一個善嫉的藝術家，經常結識不同女郎，但都以衝突告終，每次在嫉妒的怒火中，畫家將憤怒與酸澀的情緒轉化為創作靈感，得以揮灑於油彩與畫布之上。而那些風格搶眼的畫作，又成為他勾搭新歡的誘餌，如此反覆不斷。也許現代生活平淡無奇，藝術家需要這類型的刺激，激化他們創作的活力。

　　貝婁的父母是俄國猶太，1913年由聖彼得堡移民到蒙特婁附近，過了兩年貝婁出生。又過了兩年，俄國革命就發生了。貝婁回憶小時候，飯桌上不只談到俄羅斯的親戚朋友，還經常出現革命、前線、沙皇、列寧、托洛斯基等等話題。老一代的移民都認為布爾什維克這個暴起的政權，壽命不會太長，但新一代人卻不這麼認為，他們普遍支持革命。1924年九歲的時候，他們舉家搬遷到芝加哥。到了相當年紀，他也能閱讀馬克思和列寧，這引起他父親不快，但這似乎是當時的大勢所趨。當時在貝婁的高中社團裡，《共產主義宣言》是個熱門話題。芝加哥移民集結區裡的知識階層也經常舉辦活動，吸引各類社

會主義份子進行辯論。

貝婁自道,到了1933年進大學的時候,他已經成了托派（Trotskyist）。他和一群志同道合的夥伴加入這個運動,因為他們認為只有托派才忠於列寧的理論,也唯有如此才能闡釋歷史的意義,發掘史大林的罪行。有段時間共產黨的青年組織一直積極拉他入黨,但他已讀過托洛斯基關於德國問題的小冊,認定希特勒會獲得權力,乃是史大林的錯誤。經濟恐慌時代的美國,資本主義搖搖欲墜,社會主義思想受到知識份子矚目,由此貝婁得以大量閱讀《宗派評論》（Partisan Review）。到了三零年代末尾,他到了紐約,也成了這份雜誌的撰稿人。當時雜誌在美國主要的撰稿人,多數是馬克思主義者,到了莫斯科大審的時候,他們很自然也就站在托洛斯基這邊。其中一位作者Sidney Hook,還說服他的老師杜威（John Dewey）組織一個調查團,調查大審的真相。

熱潮過後,貝婁也察覺運動中有諸多愚昧、荒謬的成分。逐漸他和運動漸行漸遠,但是他仍舊仰慕列寧和托洛斯基。貝婁認為托洛斯基和T. E. Lawrence〈阿拉伯的勞倫斯〉是知識份子從事運動最傑出的典範。他提到托洛斯基之所以難忘,不只是因他的言詞充滿煽動力,創建了紅軍,也是因為他在前線打仗時仍在讀法國小說。換言之,這就是知識份子的魅力所在。當時許多受尊敬的文人、知識份子都受此影響。Edmund Wilson就是其中一位,1940年代他出版了《到芬蘭車站》,但也是在當年托洛斯基慘遭暗殺。

暗殺事件發生的時刻,貝婁和他的朋友正在墨西哥。其實透過一位托氏友人的引薦,托洛斯基已經答應和他們會晤,就

在他們預備見面的當天早晨，托洛斯基被下了毒手。等他們抵達托氏的住處，他們大概被當成外國記者，還沒搞清楚狀況，就被帶到醫院。急診室一片混亂，他們終於見到托洛斯基，他才剛剛斷了氣。當下他們見識了獨裁者要一個人死多麼容易，他的權力可以伸張得多遠，人的生命多麼微不足道。

貝婁在1976年受獎的演說裡提到他閱讀與創作的經驗，顯示他作品的傾向。有個學期他選了一門銀行財務方面的課程，但他卻把精力全用在閱讀康拉德（Joseph Conrad）的小說。康拉德對他之所以有吸引力，因為他們有類似的身分。他口操法語，書寫英語，帶著卓越的能力與美麗，一個失根的波蘭人航行在異國的海域。所以他筆下具備了那種混血融合的氣息，這也許是各類移民者的特點。

貝婁在回憶他的摯友Allan Bloom（The Closing of American Mind的作者）的一篇短文裡自述：「我來自一個熱愛文學的世代，如今已經大體消失了。我們相信文學是照耀現今、回顧以往能力一個不可或缺的源頭。」，這正是他為何仰慕Allan Bloom的主要原因。他提起Allan Bloom在病中，連自己的名字都無法簽寫，就已透過口述的方式著書，前面的幾章專論《波法利夫人》、《安娜‧卡列妮娜》、《傲慢與偏見》等經典小說。Allan Bloom雖然是個政治思想家，但他對文學的熱愛由此可見。貝婁十足仰慕他的為人與風格，我信這也是貝婁晚年的小說《Ravelstein》以他作為主角的因素。雖然有的評論家認為這本書是種背叛，但貝婁總有自己回憶的方式。

八零年代晚期在文化論戰炙熱的時刻，貝婁挺身為西方文學的經典辯護。當時根據所謂「政治正確」的說法，許多人急

於將這個傳統，歸類為「已故白人男性的提綱」。James Atlas
說其實貝婁不屬於什麼派系，也沒什麼意識形態認同。貝婁
在演說裡引用康拉德對藝術的觀點，很能說明他護衛經典的態
度：「藝術意圖在宇宙中、在事物裡，如同在生命的諸多事實
中，尋找那些基本、持久、必要的因素」貝婁對那些歷經時代
而持久的藝術，堅信不移。如其所言，這樣的時代已漸次消
失，這樣的人物的確不多了。

民主＝自由？
——讀法里德・扎卡利亞《自由的未來》

　　新聞剛剛傳來「巴爾幹屠夫」米洛塞維奇暴斃的消息，他以戰犯受審的罪行還未定讞，竟已先行離世。他固然是個邪惡屠夫，手段陰狠毒辣，罪行昭彰，死有餘辜。但是最近我才知道，他所發動的戰爭，若沒有群眾撐腰，戰事也許不會那樣醜惡，禍害也不會如此深劇。最近讀到《自由的未來》（The Future of Freedom—liberal Democracy at Home and Abroad），揭示民主可能造成的黑暗層面與多數暴政，舉證甚多，其中一例就與南斯拉夫有關。

　　一九九六年間，有位法國名人趕到貝爾格勒（Belgrade），加入學生抗議示威的行列。他和西方大體知識份子一樣，認為米洛塞維奇該為巴爾幹半島的戰爭負責。但等到他和反對派接觸，卻被宣布為國民公敵，被他們驅逐出境。因為學生反對這位屠夫並非他發動戰爭，而是他打了敗仗。我想這個法國人必然感到十分吃驚，以為民主的力量應該支持族群和諧，沒想到事實剛好相反。對台灣的選民而言，這種狀況不算陌生。近年來台灣經歷的動盪雖不像巴爾幹那樣嚴重，但族群撕裂的痛苦已不是新聞名詞。

　　作者提到，在缺乏自由憲政傳統的國家或地區實行民主，如果這個社會呈現動盪或分裂狀態，民主不但沒有助益，反

會挑起民族主義、族群衝突，甚至導致戰爭。民主對無經驗的群眾而言就是選舉，所以為了凝聚向心、獲取選票，政客以種族、宗教、族裔為號召，通常都能奏效。後果如何，眾人皆知，也有目共睹。把責任全歸到屠夫身上，是對巴爾幹半島複雜局勢的誤解。

　　民主是二十世紀最重要的潮流，許多國家紛紛掙開殖民與極權的枷鎖，成為民主國家。但是人民當家了，擁有投票參政的權利，但是並未帶來國家美好的前景，自由富強康樂並未隨之而來，有些國家地區動盪加劇，衝突頻仍。問題出在哪裡？這是《自由的未來》一書中最重要的關切。我們通常把民主與自由連在一起，甚至認為這兩個概念是相通的，但事實上民主並不等於自由，作者札卡利亞（Fareed Zakaria）甚至使用這個詞：「不自由的民主」（illiberal democracy），來闡釋民主可能產生的黑暗面。乍聽之下，矛盾之至。但這兩個詞在近代歷史上不一定對等，民主反為獨裁鋪路，不難找到例證。

　　一個不成熟的民主，就像一群孩子能自由投票。投票若能決定人生，那大概沒人要上學，或者上學可以，不能考試，而且老師要長得像明星，要會跳會唱，若老師無趣他們可以隨意罷免，等等。接下來許多難以想像的事會從投票中誕生。同樣，一個沒有法治觀念，不認識責任政治的民眾行使政權，不但易受煽動，也容易逾越尺度。政客知道偏頗濃烈的言論很對胃，尤其群眾有不滿情緒，搧風點火的言論通常能帶來選票。於是民主演變為民粹政治，更等而下之成為暴民，並非不可能。書中有個歸納性說法，今天讀來，我們目睹現狀，似乎不感陌生：「政治之中，第一容易濫用權力來自選舉出來的獨裁

者。第二濫權來源則是人民自己。」

　　作者是印度人，在美國的兩個著名的刊物（Newsweek & Foreign Affair）任過職，對世界局勢的動態觸鬚敏銳。在書中他對自己家鄉的觀察，頗能指出民主發展呈現的危機。印度的民主一直備受稱道，在眾多實行民主國家中是少數的例外。因為多數民主國家的國民生活水平都達到相當程度，而印度卻是少數貧窮，仍能堅持民主的國家。

　　作者提到1950年代，印度大約有45％民眾擁有投票權，如今已超過60％，參政權逐漸擴大到邊緣的百姓。但是擴大民主參與，卻逐漸讓某些極端的政黨興起，BJP黨（Bharatiya Janata Party）就是一例。這個政黨是一印度教基本教義派組織，這個政黨能奪權成功，主要是靠詆毀尼赫魯式的世俗主義，鼓吹一種半軍國主義的民族主義，他們鼓勵壓制伊斯蘭教及基督教的政見有些省份普遍接收。作者說：「宗教不容忍只是印度民主新面貌的一瞥而已。廣泛深入的腐敗和罔視法治，已經改變了印度的政治。」

　　獨裁政權為了達到統治目的，鼓勵、縱容仇視外族，呼喚民族意識，凝聚愛國情操，不只有利自身統治，還能讓內在矛盾轉化，達到鞏固政權的目的。然而這種策略竟然在所謂「民主政府」的制度下進行，這就令人恐懼了，民主在此狀態不但無法確保自由，反成自由之敵。作者舉出過去十年間，孟買的穆斯林遭到大量屠殺，是1947年印度獨立以來最嚴重的事件；基督徒亦然，1998-99年間基督徒遭印度教徒殺害是過去三十五年來的四倍。這些事實都顯示民主近年來在印度惡化的現象。

實行民主的確需要有對應的基礎，也要一個演進實行的過程。英美的經驗無法依樣畫葫蘆。所以缺乏自由市場、政黨、責任政治，還有獨立的司法系統，要實行民主並不能保證結果一定美好。作者在書中舉證豐富，逐一檢視許多新興的民主國家，探討其成敗經驗，分析其中隱而未顯的因素，頗具說服力，也極具參考引鑑功能。當然也有些現象十分有趣，我們可能不一定留意。

　　例如，有些新興的民主國家政治發展比較平順，主因就是經濟成功，更直接說就是國民生產所得較高。作者甚至下了個結論，一個國民平均所得在三千到六千美金的國家，民主轉型較易成功，歐洲與部分亞洲國家有不少類似的經驗。富裕對自由有何好處？作者提出兩個答案，第一、它讓社會中堅能取得獨立於國家之外的權力。第二、在磋商過程中，政權比較不會任意專斷，較能遵守規則回應社會的要求。但是，作者強調，金錢本身並不能產生自由，自由必須是賺來的財富。此話怎講？他又舉出另外的例證。過去半世紀以來，有的國家因為天然資源豐富而變得富有，但仍然是獨裁政權：例如波斯灣酋長國、奈及利亞、委內瑞拉等等。

　　「為何不勞而獲的財富如同詛咒呢？因為它們阻礙現代政治制度、法律、官僚體制的成長發展。」作者用聖經的說法，來印證東亞國家成功的經驗：「貧窮的人有福了」，正因為缺乏天然資源，所以政府必須兢兢業業、努力工作，創造廉能有效率的政府，所以貧窮反成致富之道。富有的不須向人民徵稅，不必向人民負責，無須改革法律、創建制度，所以人民也無權參政。這些反面例證當中，委內瑞拉被稱作病態民主。它

擁有中東以外最豐富的石油儲藏量，人民卻有五分之四活在貧窮線下。總統Hugo Chavez雖是民選，但他心目中最羨慕的卻是卡斯楚、海珊、格達費。他呼召人民起來抵抗外來強權（通常指美國），人民也買它的帳。所以他們雖擁有民主，卻和在獨裁政權下差別不大。

　　本書的結論也是作者提出的解決之道。雖然讀來有理，可資借鏡之處甚多，但我總有些保留。例如授權的民主，也就是我們以往強調的選賢與能，所謂的專家政治。就像今天的法律條文細則繁多，法案堆積如山、汗牛充棟，要處理法律訴訟當然非律師幫忙不可，報稅也是，美國稅法千頭萬緒，每年要報稅，都是複雜萬端，讓人頭痛的事，所以報稅要找會計師。所以搞政治也是同樣原則。只是這些年來我們觀察，那種專門討好民意的政治人物，反而是民主變質的原因。把政治交託他們，讓人不怎麼放心。總之，對民主的未來，我們仍需要謹慎的思辯與觀察，還有很長的路要走。

聖喬治街上的巨獸
——訪多倫多大學圖書館

　　從遠處注視，它就像一隻展翅的水泥鋼骨孔雀，尖嘴高聳，背後的高樓如昂揚展翅的羽翼。圖書館就挺立在兩條街道的交會，非常醒目。或者我們也可如此推測，它就像當今流行，如其近似之名顯示的變形金剛：多倫多大學圖書館（Robarts Library）。而更富象徵性的推測是，這座位於聖喬治街上的龐然大物，透過我們想像的推擠，才能發現聖喬治屠龍的意象。反正就像許多知名的地方，它們奇特的外觀提供給人不同的想像。你見識外觀，會引發諸多內在的想像。

　　如果有一天圖書館像人一樣，會有生命終結的時刻，人還能透過諸多途徑認識這座圖書館內在的靈魂。就像剛剛過世的麥可‧傑克森，光是檢驗他的身體，我們可能發現一個扭曲變形的體殼，整形過多，鼻子塌陷，頭頂光禿，胃壁空蕩等等。但他的軀殼之外還有許多隱藏的秘密，還好後世仍可透過影像與文字探尋追蹤，理解他的存在。也許有一天圖書館消失、搬遷、毀損了，我們仍可透過其收藏，窺探其原有的面貌和精神。

　　如果從東邊望去，圖書館的南北兩翼，正連接了兩幢身量較小的樓房。一座是北邊的資訊系樓（Faculty of Information），位於南邊的一座就是費雪珍稀書籍圖書館（The Thomas Fisher

Rare Book Library）。而圖書館的四五樓往外延伸，是整個圖書館最寬闊的閱覽室，也是它的Reference Room，館內的主要期刊都擺在這個樓層。這個空間正好把南北兩座小樓連在一起，雖然三座樓並不真正以門相通，但一大兩小藉此聯成一體，成為多大最大、最壯觀的圖書館。

當然，我們無需費力攀爬，就可直接進入圖書館底層，這裡是學生使用電腦的地方。或者拾階而上，走入正廳，在此有寬闊、悠閒的空間，讓人吃飯、交談、做點功課。再往上，就是各種大大小小的書庫，還有閱讀室，由層疊書架，各種語言構成的知識迷宮。四千多萬本收藏，還有難以數計的微縮膠卷、手稿、地圖等等。

我從網上讀到圖書館一個有趣的資訊，有可能是安伯托・艾柯（Umberto Eco）塑造《玫瑰的名字》故事中秘密圖書館的典範。因為艾柯本人在多倫多大學花費不少時間，創作他的小說。他筆下的圖書館樓梯和Robarts圖書館甚為相似。走在隱伏的樓梯間，難免也沾染了一點懸疑的氣息。

去年在Robarts的八樓，我第一次發現一個驚人的新天地。之前我從未探尋多大有什麼特別的收藏，直覺中認為這樣一所規模宏大的學校，有點外語書籍是天經地義的事。結果，我所發現的果真是個寶庫：「鄭裕彤東亞圖書館」內五十萬中、日、韓藏書，大開我的眼界。這是十多年來我在北美所見過最大的收藏，我推想哈佛的燕京、柏克萊的東亞圖書館收藏規模應該比此地還大，但可惜至今我從未目睹。但能在英語世界看到如此巨大的東亞藏書，讓我興奮良久，每次造訪總讓我流連忘返。

　　東亞圖書館內的「慕氏藏書」名聞遐邇，是此地，甚至是加拿大最重要的一批中文古籍，由一位西教士於1935年從中國購得。這批書成了日後多大東亞藏書的基礎，說它是鎮館之寶也不為過。其間的四千餘種古籍中，明代刻本約有兩百三十餘種，清初至乾隆刻本也有四百多種。根據資料顯示，這批藏書中有數十種相當稀有珍貴。由八樓進入圖書館的正門，就在右側，我們即可看見那批彷彿被關鎖在玻璃動物園的善本古籍。也許將來的日子，有心的人能費一番功夫，將這批「慕氏藏書」的內容整理成完整的文獻，供後世研究者參考。

　　加拿大喜歡以各種名人為他們的公共建設命名，比如多倫多及蒙特婁的國際機場，都是以政治人物命名，Robarts Library也是，那是紀念安大略省的省長John Robarts。他有什麼鮮明的貢獻我不太知道，但鄭裕彤卻是香港的大商人，他對多大東亞圖書館卻真有實質貢獻。這位早年的珠寶商人，八零年代開始大舉進行海外擴張。加拿大是他海外擴展的頭號據點。他給多大捐贈了巨款（起碼一百五十萬美金），多大也頒贈他名譽博士的頭銜回饋，這也是為何東亞圖書館稱作「鄭裕彤博士圖書館」的原因了。我心裡想為何台灣的大商人不做這等嘉惠後代學子的事？既為自己留下美名，也讓後世進出圖書館者心存感激，何樂不為呢？

　　除了東亞圖書館之外，同一樓層還有利銘澤典成（The Richard Charles Lee Canada-Hong Kong Library）。網頁上特別說明典成的意義稱為：可供民眾閱讀的文、史、科技諸科的古今中外書籍，編之有冊，列之有律的藏書室（圖書館）。這位利先生也是香港富商，只是他的關係不光財務的挹注捐獻，

這裡還有一層政商關係。因為這位利先生的女兒是當今加拿大的參議員Vivienne Poy。由此我們也更明瞭香港和加拿大關係匪淺。

同樣，它底下附屬的古書圖書館——The Thomas Fisher Rare Book Library，也是為著尊崇一位英國收藏家Thomas Fisher（1792-1874）。他於1821年移居加拿大，1973年他的曾孫Sidney and Charles Fisher，將他們多年的珍藏捐給圖書館（其中包括了十七世紀波西米亞藝術家的蝕刻版畫），於是這座珍稀書籍的圖書館，也就奠定了堅實的收藏，建立了新貌。

今年暑假期間，我第一次進入館內參觀，正好是喀爾文（John Calvin）的特展，因為今年是這位法語的宗教改革家五百藏生日。我買到一本圖書館出版的特刊《Calvin By the Book》封面是喀爾文的蝕刻板畫，內容是館藏的珍稀書籍，列出館藏十六世紀的各種出版品，不少是聖經與信仰的著作。目錄中展示封面或書頁，旁列解說，讓讀者領悟每本書籍的年代與獨特之處。參觀時，我竟有一項意外收穫，館內有些散置的海報，都是以往特展的陳列，我以為是賣品，結果他們竟然送我兩份當禮物。其中一份是1491-2000年間西方禁書、受審查的書籍特展。我將之掛在書架之間，一面顯示出其典雅氣息，另一面也讓我思索書籍千百年來所受的各方考驗。今天我們能百無禁忌的閱讀，真是歷盡艱辛，而非一蹴可幾。我端視其間，愈發感到書籍的珍貴，還有典藏的必要與價值。

廢墟與憂鬱的呼愁
——讀帕慕克《伊斯坦堡》

　　這一個月我彷彿停留一座未識之城，每天打開一扇窗戶，面對藍色的海峽，跟隨作者的觀點，注視那些海峽上來往的船隻，目睹煙囪吞吐的濃淡煙霧逐漸瀰漫，緩慢閱覽這座他居住了五十幾年的憂鬱之城。他的導引既熟悉又遙遠，是城市老手，也像外來的西方遊客。多次他引介本鄉的作者，也從那些異國人士，特別是十九世紀的法國作家，挖掘城內的異國風味，解構城市的集體惆悵，呈現那些本地人彷彿熟知，卻視而不見的隱匿風景。從閱讀中，人得以探究異國風景在一個本地人眼中的姿態，呈現一種既熟悉又抽離的風貌。

　　書中經常出現兩個主題，其實這兩個主題常常重疊，或者根本就是一個，如同他所使用的詞彙「the melancholy of ruins」——廢墟與憂鬱，經常出現在這座城市當中，二者恰好互為表裡。伊斯坦堡城內廢墟遍佈，而城市的居民，則充滿了集體性憂鬱。這座城市的廢墟之美，不只是他前輩作家的創意與詩意所在，如帕慕克所言：「他們發現，若獻身於失落和毀壞有關的憂傷之詩，便可以找到自己的聲音。」這個集體情緒與廢墟意象，也不斷成為他創作的靈感所在。

　　作者用了一整章的篇幅，引經據典，透過全景畫的方式，特意解析這個集體憂鬱，他用了一個土耳其字huzun，中文翻

成呼愁。書中有段作者的定義，頗富詩意的解釋，也許能傳達出這座城市的氣質：「我們可將此種混亂、朦朧的狀態稱為憂傷，或者叫它的土耳其名稱呼愁（huzun）。『呼愁』不提供清晰，而是遮蔽現實，它帶給我們安慰，柔化景色，就像冬日裡的茶壺冒出蒸氣時凝結在窗上的水珠。」

帕慕克喜歡作畫，他的畫作也備受肯定，日後他就讀建築系，書中在在都顯示他巧妙配置圖文的精心佈局。本書裡的諸多黑白圖像，最能呼應作者描繪的憂鬱氣息。我喜歡這些黑白照片，透過強烈反差的影像，讓這座城市的灰濛陰暗，突顯城市獨特的精神，讓廢墟與呼愁結合併現。我最喜歡一張充滿朦朧水氣的落地窗，窗外是雨中行進的黑色街車，彷彿靜止不動，背後是聳立的巨柱，點綴著伊斯坦堡模糊的天際線。這張照片也許最能襯托出作者筆下的集體憂鬱。他對圖像的興趣與詮釋的能力，至終轉化為對文字的熟練，標題底下的驚嘆句，出自書末最後一句預言。雖然他從未在本書透露他從事文字創作的歷程，只在書末作者透過和母親諷刺貶損的對話，告訴我們他想當作家。於是，透過他的文字牽引，我們得知憂傷之城和他的創作密切相關。

而正是目睹這座古老城市，曾經盛極一時的繁華逐日衰敗，財富漏失，敗落逐漸蔓延。眼看房頂破漏，牆面斑駁，屋舍四處失修傾頹，卻無力更新。廢墟固然有其美感，卻引起居民深沉感傷。長期貧窮造成衰敗，廢墟之狀遍處可見，奧圖曼帝國失去舊日的威榮與輝煌，所以他們懼怕西方人的眼光，卻無力拯救其衰弊，由此「呼愁」漫溢街市。這和中國人的經驗倒是有點相像，為何近百年來中國人對帝國主義的侵略耿耿於

懷，豈不肇因於此？蠻夷的欺凌羞辱，一切的不平等條約，對一個擁有輝煌歷史的帝國受盡屈辱，仇恨難消。於是民族主義、愛國主義成了雪恥利器，或者是安慰自己的藥劑，土耳其也不例外。只是土耳其消化羞恥的方式，呈現了另種面貌。

另一個走向就是全力西化，把過去的一切棄如蔽屣，對作者而言，激進西化也是他年輕時的傾向。對那些西化人士而言，西方就代表現代化，代表進步，所以複雜的情緒叢生。一面為自己積弱不振感到悲傷，一面又害怕丟臉。帕慕克說那些西化人士對自己的民族醜惡、落後形跡，心知肚明，但自己人聽來可能不痛不癢，毫不在意。但是：「一位西方的作家，即使只是稍微反對，也會使他們心碎，傷害他們的民族自尊心。」帕慕克舉出一些實例，西方的觀察者喜歡突出伊斯坦堡的異國情調，但本地的西化論者恰好相反，他們將那些異國情調當作障礙，應該快速剷除。所以西方作家筆下出現的服飾、奴隸市場、後宮等等，別具異國氣味的東西，便紛紛消失。讀這些經驗，讓我覺得似曾相識。

本書既告知城市的身世，更是他和這座憂鬱之城彼此依附，交會互動的紀錄。所以他說：「伊斯坦堡的命運就是我的命運：我依附於這個城市，只因她造就了我。」他不像那些旅行的作家，必須透過漂流才能取得靈感，正如他筆下透露的法國作家。他寄居一生的城市，雖給他帶來憂傷，卻是他汲取靈感的沛源。他誠實坦露自己，還有不快樂的家庭故事，記載家人彼此的紛擾衝突，家道中落，還有他喜怒痛苦起伏劇烈的成長記憶，如何與這座城市緊密交織。我喜歡伊斯坦堡的舊譯，雖然伊斯坦布爾比較接近原音，但我仍喜歡伊斯坦堡。本書讀

完之際，我即將暫時離開寄居的城市，雪片紛飛的時刻，街市空蕩、樹木乾枯，也讓我感到城景憂鬱的散溢。也許閱讀，用來觀察一座陌生之城，領悟城市內在的風景，仍是個難以替代的方案。

一部近百年的司法改革史
——讀林達筆下的美國

　　美國的大選仍在奮戰之中，局面逐漸明朗，歐巴瑪呼之欲
出，他可能就會代表民主黨角逐總統。向來我很少關切選舉，
多年來各類選舉上上下下，經常連候選人是誰都仍不明，選舉
就已落幕。從未像這次，不能說目不轉睛，卻經常留意選情變
化，這倒是我抵美十多年來少有的經驗。美國是否預備好接受
一個黑人血統的總統？這是媒體的提問，也是許多人心中浮現
的問題。

　　多年來我有個偏見，就是對美國歷史不怎麼感興趣，我
總覺得美國歷史短暫，沒有太多值得深究的內容。近讀林達的
著作，給我上了結實的一課，讓我認識種族問題複雜的糾葛，
體會法律舉足輕重的地位。我不敢說偏見已經去除，但閱讀期
間作者去除我不少誤解，我最欣賞的部分就是，他們善於鋪陳
故事情節，讓那些看來乾硬、無趣的法律問題，還有歷史中那
些錯綜複雜的關係，交代得生動有趣，引人入勝。他們調度場
景、人物、情節的能力，常能使抽象的觀念立體明晰。敘論之
間歷史彷彿重演，我們目睹事件演變，各類人物出場，各種訴
訟抗爭，引發讀者思索當日與今時的對照。

　　行文中他們運用書信對話，藉通俗演義的筆法，設置埋
伏話題，以章回小說類型的接力勾起讀者參與，持續探究真相

與後續，這是我覺得非常有趣的寫法。故事之間穿梭著歷史場景的變換，法律觀念的進展，安插嚴肅問題的爭論與考掘。特別在種族問題上著墨甚多，從1839年阿姆斯達號（Amistad）的事件，一路探究，南北差距的衝突與分裂，如何導致日後的戰爭，戰爭遺留的痛苦後遺症，以及百年之後，民權運動的後續，結束百年未決的種族隔離，釐清不少我以往的錯覺。套一句電腦用詞，他們的書寫稱得上是readers friendly，但讀者不能心急，否則就會錯失連貫的思緒，精彩的論述。

作者的步伐緩慢沉重，在他們娓娓道來的故事中，我們得以逐一探究，年輕的美國能成為進步的民主國家，絕非只是富國強兵，而是其立國以來理想精神的堅持，幾經衝擊掙扎、辯證討論，至終能逐一落實。美國的進步，就像林達所提，是經由許多「司法挑戰」的過程，逐步建立的。阿姆斯達號的事件，作者花費甚多篇幅敘述其中的曲折細節，將激進反奴的人士透過挑戰司法的細節，逐一披露（我必須承認閱讀過程中深受啟發與教育）。比較了史實和電影（導演是史蒂芬·史匹伯）的差異，至終為種族問題樹立一個重要的里程碑，雖然案例成就並未避免將來的戰爭。但是這兩百多年來歷史進程的腳印，就是類似這種司法挑戰逐步展開的。

閱讀當中，我得以釐清兩個主要事件：一個是南北戰爭爆發的主因，另一個就是黑人的民權運動。

提到南北戰爭，很自然我們約定俗成的理解是解放黑奴的戰爭。但林達在書中的分析開了我的眼界，種族問題固然是原因，但真正的問題所在卻是分裂問題，這對我們似乎很熟悉。林肯雖然反對奴隸制，但在就職之前，他一再保證，他不會干

預蓄奴制，他當然很清楚南北之間在蓄奴上的歧意。為了讓南方人放心，他重覆強調這個政見。所以基本上和我以往的理解，有一點落差。但主因為何呢？

當時的情形是1860年的大選，民主黨分裂，以致讓共和黨的林肯漁翁得利，當選總統。但是南方十州的選舉團卻無人投他的票，林肯只得了39%的選票。他可算是險勝，但是分裂的現實已經擺在面前。林達反覆說明，幫助讀者理解當時美國分治的原則，各州擁有相當自主的權利，是聯邦政府無權干涉的，不若今天給人一種感受美國是個完整的強國。南方州和北方各州的關係雖是所謂的聯邦，但關係卻是相當鬆散。長期的矛盾讓他們厭倦，於是他們不玩聯邦，執意分裂，自組邦聯（confederation）。分離最大的因素，當然是蓄奴問題，但戰爭開打，卻是南方執意要脫離聯邦。林肯尚未就職之前，南方七州已經宣佈分離，林達說：「林肯的目標更迫切的是維護聯邦的統一和完整，而不是蓄奴。」所以，戰爭開打了，林肯以為他可以速戰速決，但沒想到戰爭歷時四年，六十萬人死亡，遠比他預期要殘酷得多了。

當時許多溫和的南方人，也反對蓄奴，卻加入南方，主因就是不能接受北方發動戰爭。林達說得很清楚：「對當時許多維吉尼亞的精英來說，僅僅因為南方的分離行為，北方就要以武力相威脅，這對於美國建立聯邦的精神來說，無論如何是既沒有法律基礎，也沒有道德基礎的。」但同時，由於採此立場，為他們帶來了污名，因為他們和南方的蓄奴聯成一體。

南北戰爭結束以後，國會通過憲法十三和十四修正案，終於從法律上廢除了奴隸制，讓黑人擁有公民權。但奴隸制是

廢除了，但種族隔離、種族歧視，不但未因戰爭一筆勾銷，問題還變本加厲，不但道德理性的勸說一片噤聲，同時也促使了KKK的興起，讓暴力更加散佈普及，黑人的日子更形艱難恐懼。要到下個世紀，局面才真正轉換。林達有個說法，也值得我們面臨類似問題的人深思，即使南北戰爭中所支付的六十萬條生命都不算，他說：「在漸進推動和戰爭訴決兩種廢奴方式下，究竟哪一種方式使得黑人支付更小的代價，哪一種方式可以使南方更早進入真正的人性醒悟。」人得有相當時空的距離，才能對歷史有比較清晰的視野。

　　這近百年期間許多暴力恐怖的事件持續上演。從1882年到1962年八十年期間，美國有4736人遭到民眾私刑（lynch），其中有3442位是黑人，1294名是白人，六分之五的私刑事件發生在南方。而私刑的污名來自一位姓林奇的人士。這是林達的本事之一，他們尋訪古今，探索遺蹟，把那些草木湮沒的史事，抽絲剝繭，繪影形聲，有條不紊的呈顯給讀者。之前讀《帶一本書去巴黎》已經見識。

　　一個人或一個種族，其觀念的轉換，無論是否順應時代，都需時日養成，還要有其他因素的配合，非一蹴可幾。就像南北戰後黑人雖然被所謂「解放」了，但對黑人或南方的白人也好，要適應、體會所謂平等的概念，還早得很。美國的南方人，對美國的認同，還有對種族歧視的體會等等觀念，也都是同樣原則，林達在書中提到南方重要的轉折：「二次世界大戰使美國南方，第一次從一個『被北方侵略的戰敗國』的心態裡掙扎出來，開始認同這個國家。同時，二次大戰中納粹德國所宣揚的種族優劣理論，以及在這一套理論下所進行的殺戮，給

南方比較開明的人對自己的種族觀，提供了一個再思考的機會。」除了這個內在因素，作者也提到一個外在的技術原因，就是二次大戰之後美國開始建立州際公路網，促使了南北雙方急遽的交流。由此，我想起唐德剛先生提起中國從晚清開始，要轉型為現代國家，要跨過歷史三峽，的確需要相當時間。所以歷經內外因素的交會，加上立法的推動執行，這個埋藏深厚的種族問題，經過了一個世紀，終於來到了轉變的時刻。

於是，從Rosa Park拒絕讓位的事件開始，一路到金恩帶領的罷乘阿拉巴馬市公車運動，還有前面提到的搭乘州際公路的運動，都是對抗當時南方的種族隔離政策。不只有民權運動風起雲湧的抗爭，同時也引來南方保守勢力的反撲與抗拒，甚至連國家都要動用軍隊來執行法律的命令，這些都變成了全國性的新聞。但是作者所說這些抗爭的結果，最終還是得來到制度和立法的層面上來，才有真正的價值。因為美國是一個注重契約的國家，守法、受契約約束的精神，不只各級政府如此，個人也是如此。基於對憲法共同尊重，民權運動抗爭的目的才能真正落實，因為尊重這個共同的契約，是美國文化的一部分。這個對法尊重的觀念，也是所有民主國家能否步上正常、健康的軌道最實際的考驗。美國的民權法至終在1964年正式生效，這個法案總算結束了歷經八十年的種族隔離。

作者敘述民權運動的事件，分析其過程，使我們得見表相的黑白對抗，並非簡單的雙邊關係，正如前述的南北戰爭一樣。這是個複雜的多邊關係。黑人的覺醒，運動的擴大普及與非暴力精神的堅持，當然都很重要。在種族問題嚴重的「南方深腹地」（林達語），黑人民權運動和當地的民選政府的確是

明顯對立，但是從一開始南方的黑人就受到「北方民眾和美國聯邦行政分支的支持。」雖然他們的支持有限。但是整個制度的變革，立法的推動終能使種族隔離成為事實。「所以，與其說，美國的黑人民權運動是一場純粹的群眾運動，還不如說，這是美國精神主流及聯邦政府與極端南方州的一場司法較量。」

除了法律因素，還有一個最內在的問題，這也是最難最漫長的部分。因為法律不能帶來真正平等，民主也同樣無法給人真自由。因為內在的藐視，無「法」規範；民主雖是多數人的意願，並不保證少數人的「自由」。林達在書中這麼說：「它與不民主的區別，只在於由多數人掌局還是由少數人，甚至一個人掌局。……假如沒有對人性的醒悟和孜孜不息對於人道的追求，民主的結果完全可能演變為對於少數人的暴政。美國南方的歷史，就給人們做了一個最清晰的示範。」這種平等不是人間法律辦得到的事，也許只能期盼Martin Luther King Jr.的夢想成真：「我夢想有一天，這個國家會站立起來，真正實現其信條的真諦：……人人生而平等。……我夢想有一天，幽谷上升，高山下降，坎坷曲折之路成坦途，靈光披露，滿照人間。」

不管金恩的夢想是否如願，歐巴馬造成的旋風，也許就是一個試金石。

花都背後的幽暗身影
——讀林達《帶一本書去巴黎》

　　本書的前言，作者透露了些許端倪，勾出一個線頭，讓我們知道為何抵達巴黎要帶一本書。因為《九三年》這本雨果所寫、以法國大革命為背景的歷史小說，就是作者初識巴黎的起點。雖然幾十年前他們首次閱讀，巴黎的輪廓依然模糊，但那本書仍是一座不可替代的里程碑。所以作者帶著一本舊日讀過的書籍，前來訪問浪漫之都，原本這只是他們的旅行記事，但他們漸行漸遠，越走越深，花都建築逐一顯影，直達大革命時期的巴黎，那曾是這座城市最黑暗血腥的年代。

　　書中他們充當穿越時空的導遊，我們尾隨作者見識花都背後幽暗的身影。本書最大的特色，也就在此。作者陪同大家走街穿巷、走訪名勝與古蹟，逐一打開景點背後的法國史事、人物、奇談，抽絲剝繭，就像個精彩的文化導遊。原來那些光燦引人的文化景點，並非一路清白，有些地方竟然是頭斷血流、血跡斑斑。作者的焦點是大革命的巴黎，也許是因為那本啟蒙書籍的影響，作者一路顯示，讓我們聽聞目睹的不只是藝術氣息洋溢的物語，也是埋設叛亂衝突的重重危機，更多的是原本理想光榮的藍圖，染上了怨恨惡毒的質變。

　　閱讀期間，我總感驚訝作者並非一人，而是兩個人，日後才知道他們是一對夫妻，林達取自他倆名中的一字構成。但

他倆步調一致，言詞均衡，不疾不徐，二人彷彿一人，少有差錯，沒有彼此扞格不調的痕跡，這是我很少見過的場面，當然他們隱身背後，我們無法探查作者的真貌，在文字上他們卻是十分協調，連藝術品味都讓我感覺相當一致。以往閱讀這種超過一位或多位作者、譯者合作的書籍，在閱讀期間總讓我感到風格用字的差異，甚至經過了修訂仍然貌合神離。雖然這段有點離題，卻是我讀本書印象深刻之處。

原來最有文化品味的人，一旦走岔了路，掉到意識形態的陷阱，也可能成為殺人不眨眼的恐怖份子。那是號稱「啟蒙」，強調理性科學的時代，大革命彷彿就是理性運動的產物，起初的光明沒有持續太久，血腥恐怖就在巴黎降臨。作者的說法也許能印證這個說法：「在世界上第一個通過《人權和公民權利宣言》的法國，共和不到一年，作為個人，言論出版自由等公民權利已經完全成為奢侈品。1793年8月，已經有了『讓恐怖時代成為法治的全盛時代』的口號。」我們的記憶應該還算清晰，二十世紀許多推翻腐敗政府的革命力量，在奪得政權之後，紛紛走上同樣的道路，而且他們比起舊政權獨裁的更徹底，手段更血腥。

領袖要能呼風喚雨，還得要有千千萬萬狂熱擁護、熱血沸騰的群眾，也許作者生長在中國最狂暴的年代，對舉國瘋狂的躁動，體驗深刻。他們見過那些美麗的口號曾經扭曲成什麼相貌，對領袖魅力造成的災難，刻骨銘心，所以他們對巴黎曾經發生的狂暴，也頗能理解。作者對各類革命、運動變質的描繪，很有說服力，那也是我們似曾相識的場面：「歷史上，屢屢如此上演，在解放底層民眾，將他們被剝奪的權利還到他們手中的同時，社

會最容易普遍產生和接受的，就是由同情轉為對底層民眾的讚美。這樣的美化，又通常導致賦予他們過大的權力，其結果，總是發現，……原本應該是軟弱而善良的人們，原本期待為他們自己也為社會造福的人們，在一夜之間變得狂暴和肆虐。」這不只是極權國家的經驗，對所謂民主的社會也不算陌生。

作者在書中也提出了啟發革命最具代表性的人物：盧梭和伏爾泰，討論、比較了他們的個性、言論與對革命的影響。他們年齡相差了將近一代，卻衝突不斷；一個從容自信；一位熱情激盪，但頗為巧合，這兩位巨人都在大革命前去世，也都被遷入了先賢祠，一個仿古羅馬風格的天主教堂，在那裡暫時棲身不朽。作者在書末的推斷，我們應該能同意，因為這是革命走樣之後的真相：「假如親歷革命，習慣了自由思想的伏爾泰及盧梭，不僅可能活不成一個全身而退的革命聖賢，還很可能走上斷頭台。」換成魯迅，能多活一點時日，我也敢預測，他要不是現行反革命，就是個大右派，他的作品鐵定成為毒草，他絕不可能全身而退。

於是，在暴亂頻仍、血雨腥風肆虐的時刻，最期盼具有Charisma的強人出現。大家期望他能撥亂反正、弭平禍亂，帶來真正的太平。果然，一個外國貨：拿破崙不負眾望，帶來了新希望，只是共和再度走了回頭路，君權又再度回鍋。這是許多政治運動極端的結果，他們企盼的自由、平等、共和，不但沒有尾隨而來、應運而生，反而走回頭路，甚至比原來的政權更惡質，更具腐蝕性。雖然巴黎也曾有一段掙獰的歲月，終究那是她身後幽暗的蹤影，還好，今天的巴黎依舊散發迷人的丰采。也許，下次輪到你去，也可以帶本書去巴黎。

文明之外的蟲魚鳥獸
——讀懷特隨筆

> 紐約最微妙的變化，人人嘴上不講，但人人心裡明白這座城市，在它漫長的歷史上，第一次有了毀滅的可能。只需一小隊形同人字雁群的飛機，立即就能終結曼哈頓島的狂想，讓它的塔樓燃起大火，摧毀橋樑，將地下通道變成毒氣室，將幾百萬人化為灰燼。死滅的暗示是當下紐約生活的一部份：頭頂噴氣式飛機呼嘯而過，報刊上的頭條新聞時時傳來噩耗。所有目標中，紐約在某種程度上顯然最受矚目。在可能發動襲擊的狂人的頭腦中，紐約無疑有著持久的、不可抗拒的誘惑力。

旅程中讀到此一驚心的段落不免吃驚，因為敘述的情節竟然與日後的911如此雷同，而這個段落並非某未來學家的預言，也非政經專論，而是出自懷特（EB White）的文學隨筆：《Here is New York》。中文譯本上並未清楚註明文章的日期，查閱網路才知這篇文章寫於1948年，登在一份雜誌上，於1949年出版。文中懷特指出群聚紐約各色人等的喜怒愛憎，既描繪這座城市的虛華外表，也刻畫它獨特包容內在的性格。預言部份則源於懷特對核子時代的恐懼，類似這種對文明的隱憂遍及全書。

我也趁便了解一點懷特的身世，發現一件趣事。1959年間懷特整編了一本英文寫作的經典《風格的要素》（The Elements of Style），結果大受歡迎。這本書我也有，而且連中文譯本我都讀過。原來這書的原著者William Strunk Jr.是他早年在康乃爾大學的老師。而這本調教人鍛鍊英文風格的絕佳規律就是：省略贅詞（Omit the needless words），不過說來容易，寫起來可沒那麼簡單。精簡為美，英文如此，中文自不例外。

　　我手上的這本《這就是紐約》——EB懷特隨筆，剛讀書名以為是以紐約為經緯的文學隨筆。但閱讀期間，跟隨懷特隨興腳步，舒緩漫步的語調，才知道紐約或說城市的部分處於底層，在這本集子裡只佔一小部份，更多的是他筆下的蟲魚鳥獸，他豢養的家禽家畜，季節遞變，以及他閒適的田園生活紀錄，處處顯示他對生命與自然環境的關切。

　　他身邊的動物景致一經處理，立即顯得鮮活生動，躍然紙上：豬隻死去帶來的憂傷，鵝族生育的歡樂與彼此的鬩牆，掠奪家禽的狐狸和他鬥智的經過，藉懷念逝去忠狗的音容影射政治人物的醜態，浣熊在樹上的安詳與下樹的兇殘對比等等。除了顯示他觀察入微，他也經常由此出發，探討生命與周圍環境彼此的關係，引發我們思索。我們讀到他對環境與生命的關注，貼切適當，處處可以感受他筆觸的溫煦與幽默。那些狀似閒散，卻十分細密的隨筆，終能讓我領會他為何能寫出那些膾炙人口的兒童故事：《STUART LITTLE》《CHARLOTTE'S WEB》。讀他對動物的觀察，我們不難發現，他筆下的動物能栩栩如生，足以引發幾代讀者深刻的共鳴。

　　書中有兩篇均以動物為題,是我最喜愛,也是最有共鳴的兩篇。一篇為〈鵝〉,一篇叫〈浣熊之樹〉。鵝的故事是我覺得這本集子最有趣,也是最荒誕的故事,懷特踰越一個正常養鵝人的角色,干預了一窩鵝的家務事,參與了它們的生育孵化,以狸貓換太子的手法給鵝蛋掉包,顛倒鵝的性事,原因是他同情那隻死了老伴的公鵝。其實,我們可以讀出他顧影神傷,那是他對自己老邁的投射,雖然殘酷,卻十足真實。故事結局是他的干預湊合並沒帶來美好的結果,只帶來更深的憂傷。

　　《浣熊之樹》寫作年代比《鵝》還早,成於1956年,文中他有不少延伸的思考,藉由長期對一窩浣熊鄰舍的觀察,他探討一個今天熱門的話題:「倘若人能少花點時間,證明他比大自然高明,多花點時間去體味大自然的甜美,謙恭自抑,那麼,我對人類光明前途,倒會更樂觀一些。」因為當時許多科學家的論調是要開發更多隱含於大自然的資源,創造更美好的生活。他強調與其採用現代發電方式,釋放牧內場內花崗岩蘊藏的能源,他寧可回歸舊日孵小雞之法,用兩隻抱窩雞。是真雞,而非發電暖機。

　　由此,他對浣熊的生活動態充滿肯定,也藉此對現代科技創造美景的虛幻提出質疑,對身為萬物之靈的人類,對所謂我們沾沾自喜的文明之便,提出悲觀評判,他的說法略帶諷刺,但卻是懷特迷人之風格所在:「浣熊,儘管有它的種種侷限,在我看來,似乎比人更好適應了塵世生活;它從不吃鎮靜劑,不做X光檢查,看是否懷上了雙胞胎,不給雞飼料添加二苯基對苯二胺,夜間外出,也不是餵了從石頭裡找鈪。它是去捕捉

池塘裡的青蛙。」簡而言之，浣熊比人類活得自然且自在。

文中透露的景致與風潮今天可能都已不存，或者當日流行一時的說法。科學帶來進步之餘，也隱含重重危機。懷特的觀察與憂心，今天讀來想必引發更多共鳴。但能存留最久，最能經受考驗的，還是懷特精湛清晰、美妙幽默的文風，旅途中我偶讀英文參照，譯文中可圈可點之處甚多，值得推薦。譯本若有什麼可挑剔處，大概就是詳實的注解中缺乏原文參照，讓讀者費神猜疑。

畸零冷酷中的溫情
——讀運詩人《單向街》

　　在旅途變換交通工具之間讀《單向街》，對運詩人怪誕陰森的思路，還有搶眼犀利的字眼讓我感到顫慄。我和作者也算有一面之緣，有些人貌不驚人，但發聲卻是高亢無比，像敲打金屬那樣鏗鏘有力，令人難忘。也許作者無意「語不驚人死不休」，但其獨具靜穆森冷的眼神，不容小覷。就像書中那隻羞怯的貓，表面靦腆怯弱，瞳孔裡卻藏匿著難以估量的冷靜與殘忍。

　　如果《單向街》像駱以軍先生在序文裡所說，這本看似散文集的書，原本是一組龐大的「辭條」或「索引」。但非我們慣常熟悉的版本，而是無法歸類的非典型辭書。書中浮現的冷酷異境，彷彿我們經常逛走的城市、街弄，得有萬花筒般的蒼蠅複眼（用作者的話），熟練迷失的靈魂才能發現。《單向街》裡營造的豐富意象、氛圍凝練，濃密飽滿的文學圖像俯拾即是，有些句子讓我驚嘆，只能抄錄才能表達共鳴：

　　「電鈴不響、電話不通、手機沒開，早上八點，我與母親還困在高塔上的夢境裡，編織的長髮沒能垂下，溝通無門，聯絡無效，彷彿瞬間咫尺天涯，人間蒸發。」第一段《單向街》，她誠實解剖自己，還有一個dysfunctional family，以銳利詭異的雕刻刀，刻劃一個曾經皮膚黝黑、眼皮摺痕深邃，非

典型的印尼華裔（她是個文字魔術師），還有她異於常人的童年及家庭記憶。突兀、哀愁的氣氛於文中流竄，如處高塔失聯的異鄉人。

例如這個段落：「對我而言，『老師』這個詞彙帶了一種清潔的質性，不容一絲玷污，必須通透明徹，乾淨敞亮。」故事點出她心中師者的形象，然後將文學作品與自身經歷編織勾串，表明她的期望。然而思無邪的境界不若想像容易，師生頻密接觸總不免碰出火花來。我剛讀到George Steiner的演講《大師與門徒》（The Lessons of Masters）提到一種類型的師生關係，表述了其中不潔的關係：「情慾，無論隱藏或公開，無論幻想或實際行動，都與教學交織在一起，在師生現象中縱橫交錯。」

「冷落排擠，是女生生態池不見血的暴力與殘酷。」這句話和前段一樣出現在《單向街》第二段，其中多牽涉到她來往的人物，寫活女學生社交圈裡互動的曲折，如動物在叢林中的求生手段，那些難以傳達的糾葛，透過作者描繪，讓讀者對女性世界的槓格、傾軋有更深層的發現。觀察、處理人際關係，運詩人總有異於常人的視野。

「幸福國宅，美滿大廈，很不意識流的取名。少了詩意，多了對幸福美滿人生的平庸概括，粉飾太平。」第三段《單向街》也算大城市導遊一種，屬底層生活萬象，不具吃喝玩樂的圖解，而略帶點頹廢兼左派的氣味。當然，她筆下的廊道階梯、巷弄街道比起班雅明的《單向街》更貼近現實，心跳更加熟悉，人物的血肉也溫熱可感，而且可能雙向通行。不若班雅明的柏林，不只時空遙遠，而且更抽象，更像他腦海裡進行的

蒙太奇，不少時刻只能單向通行，甚至走入死巷，失迷無語。但是詩的意味瀰漫，是不爭的共相。

我們可以相信她筆下的文字能穿透紙背，讓桌面作痛喊叫，其來有自。一面是她無法抗拒的敏銳天賦，一面也是她大量吞噬文字，活剝光影的構造。像隻蜘蛛或絲蠶，她擁有瘋狂細膩的消化力，把吃入的食物重新吐出，詮釋包裹她陰性的身影。小說裡虛構的人物、情境、典故、象徵，和現實巧妙照映，在她靈活出入、精細調度下，使二者切合、互相對照，讓我們目睹她的文學天分，造詞塑境的本事，也讓雙邊世界頻頻展示新境。

有些人是天生的藝術家，單調平板的人生，或庸俗普通的主題，她們都有本事讓原本的陳腔濫調凸顯新意。三言兩語、輕描淡寫，就能流溢出不凡，讓狀似枯澀的情節充滿創意。所以便當顏色的講究，其「展示」與「交換」的價值，如何遠超實質，讓人驚詫原來年輕女子互動來往的複雜細密。她寫養貓、賣貓的行徑與奇特邏輯引人同情，也叫我噴飯，身旁的旅客都同感我旅途的亢奮。作者如貓，既特立獨行，也和人群保持適當關係，這正好賦與她隱匿身形及冷峻觀察的能力，街景百態固然難以揣想，然而那些浮游生物，在狹窄巷弄出入表情萬千的面龐，卻由此一一浮顯，準確精細。她夜行多年，黑夜賦與她一雙穿透幽暗之眼，讓她洞察某些世事，超越周圍的悲歡冷暖。

作者自述她的生長，像棵植物：「最放不開的是我，母親說我從小便懂得斯文，從不竄上爬下，在地上撒賴打滾。我當不了孩子王，在屋裡四處衝撞的小獸中，我長成一株植物，

靜態地，和順地，認份地。」翻讀本書，兩個人物不知不覺逐漸浮現。一個是古老的聖經人物雅各，另一個是黛安・阿巴斯（Diane Arbus）。聖經上說：「雅各為人安靜，常在帳棚裏。」不若他的雙胞哥哥那樣浮動活躍，他表面安靜，但精神活動卻多變繁複，也為他日後崎嶇不平的路徑，奠定基礎、劃分界線。

運詩人筆下的自身、家人，還有或遠或近、與她交往或疏遠的人物，她們種種奇特的形態與風格都讓我想起黛安鏡頭底下的肖像。彷彿怪異、畸零、邊緣，仍在冷酷中夾著點溫情。特別是她和父親之間的古怪關係，和我們慣常熟悉的倫理親情故事，相距甚遠。我驚訝她經常抽離現場，脫開好惡，甚至不動聲色，以多種分身敘述評價過往，她處理的如許熟練，正如黛安貼身記錄邊緣人。但是她的探索並非紙上談兵，正如黛安親臨天體營，她藉參與社會運動，體會人間嗜血的不仁，也由此領悟「身體」真正的意義。

至少，根據作者自剖，我還有一點和她類似的怪癖：讀書一定要邊讀邊畫線。我直覺中希望明年訪台，和她交換一本畫過線的書籍，閱讀她彰顯的怪癖。夏日綿延，濕熱難當，為排遣寂寥，也為了學習複製創意。我信《單向街》能為讀者揭開一幅獨創的城市新象。

以虛構之名論述
——讀萊姆《完美的真空》

　　有時候，對我而言，閱讀某種不熟悉的文類，恰似身處尷尬的時空，進退兩難，既缺乏明確的方位指示，也無力求援。彷彿在一座無名的曠野逡巡徘徊，迷濛混沌，不知去向。冰雪覆蓋了所有標記，一片茫然，難以穿越，但我又不甘貿然離棄。於是，我成了失迷的魯賓遜，陷於孤獨無援之狀。我必須忍住性子，鍛鍊耐力，一點一點習慣書籍佈設的時空，逐步熟悉陌生的細節，才能完成那個處境設計的旅程。也許，這是不智之舉，但徒步跨越整座曠野，總讓我覺得不虛此行。

　　《完美的真空》是本虛構之作，卻掙脫傳統說故事的模式，而是以專家評書的方式，將十五本子虛烏有的杜撰之作，逐一披露。雖如書中導言所述，這種虛構型態以往就有，但以這種書評方式貫穿整體，恰成了獨特的創意。書中遊戲嘲弄的痕跡甚多，但出入的領域廣袤深遠。他旁徵博引，唬扯捏造，如入無人之境。作者經常在評論中交代故事情節，以便創造虛構的氛圍，利於導引讀者。當然，故事的情節佔掉甚多篇幅，以致評論偶或失焦。終究它還是以虛構為主軸，評論只是表面的化妝。閱讀間，我總想到應該有人，按著作者虛構的場景和埋設的路線，破解他營造的真空，弄假成真，讓虛構一路到底，那才臻於完美之境。

在虛構的大纛下，作者演繹跨越虛實之境的各類評論，就像在書中討論的Gigamesh（中文譯作千兆網路，取自古巴比倫史詩Gilgamesh）展示的範例，舉證歷歷、龐雜繁複、上天下海，無所不用其極，反正就是語不驚人死不休。一個字竟然可以埋伏、衍伸出那麼複雜的涵義，讓人深感不可思議，是作者企圖證明其博學，或展現他杜撰虛構的驚人想像？作者萊姆（Stanislaw Lem）在本篇開頭就直接點出：「這位作家覬覦詹姆斯・喬伊斯的桂冠」，所以接下來他連篇累牘引證學術資料，目的其實更接近詼諧的模擬與諷刺，所以虛構下的作家，傾其吃奶之力，就是要勝過喬依斯一籌。這就是為何《千兆網路》故事只有395頁，而評論卻有847頁。由此，也可知作者企圖。

讀者必須具備相應的想像，才能進入作者構築的怪誕時空。他只點出部分懸疑幻境，偶而戲謔詼諧、插科打諢，卻又煞有其事，我們需要充足想像來與之匹配，才能拼湊作者未烘托的部份。作者有時創造某種詞彙來描繪其幻境，令人噴飯。例如《性爆炸》活脫是科幻加春宮的情節，但他處理成普世危機，比1929年爆發的經濟大蕭條更加嚴重。透過他的刻劃，我們得知人類爆發了「無性」大危機。作者敘述了危機爆發的種種慘狀：花花公子整個編輯部自焚，美容學校破產，化妝品行業風雨飄搖，內衣行業也無法倖免。「無性」的末世景象，作者處理得突梯又搶眼，可圈可點。

書中經常透過各類專家的口吻，涉獵某些堂皇建構，精密設計的理論，讓人莫測高深。這其中是否也牽涉虛構呢？還是人類學術的真境？諸多大師曾經建構的理論，生前流行，死

後也尾隨他們一道沉寂。甚或後世的人經過實驗探討，多方驗證，竟也把那些名揚一時的論述，推翻得無影無蹤了。原來名揚一時、貌似驚人的思潮，聳立偉岸的高論，竟然也和流行的裝飾一樣，經不起時代的淘洗更替。也許作者無意譏嘲理論的善變，但以虛構之名進行論述，竟讓我產生海市蜃樓的體會。

　　書中我必較不能適應的部份，就是作者經常涉及自然科學的論述，而那些理論的推論衍義，到底是作者的玄想杜撰，還是有準確根據？一面來說這是我陌生的領域，另一面則是他煞有其事、天馬行空的縱橫上下。他根據的是哪派理論，還是虛構的科幻情節，常讓我不知所云。虛虛實實，難以理解。當然書中一切都是虛構，不必當真。但要捏造某些理論，沒有對科學真切的深入，想要胡謅，兩下就會露出馬腳。

　　以第十三篇〈不可能的生命&不可能的未來〉為例，萊姆先生極盡胡掰之能事，以科學或然率的演變，導演一齣教授誕生的故事。他花費甚多篇幅，探討各類假設，回溯故事背後的歷史背景，推斷主角至終誕生的可能，跳脫時空格局，甚至扯到和長毛象拉肚子有關。他掰得天花亂墜，我們讀得趣味橫生。我只能說故事極盡所能扯淡，讓胡說八道在科學理論的創建上，居功厥偉。搞科學雖講究客觀準確，但缺乏想像品味，也難成大事。也許作者的編造，證實了科學也需品味的必要。最近讀到董橋討論幾位科學家的著作，那些科學大師不約而同，說到即使是科學論述也涉及想像與品味的重要。

　　讀完此書，搜羅閱讀的筆記，同時發現對萊姆先生我極端陌生。查閱網路上透露的消息，讓我十分吃驚：「Stanislaw Lem passed away on March 27th」。就在去年的昨天，他離

以虛構之名論述

255

開人世。這對我而言有點科幻味道。這本《完美的真空》是在1971年出版，他著作等身，享譽國際，是非英語世界中最受歡迎、暢銷的科幻小說家。他的父親是猶太人，但已改信天主教，到了他這一代，他變成一個無神論者。納粹佔領期間，一份假造文件隱瞞了他的猶太血統，讓他得以存活。書中對第三帝國、日耳曼民族的諷刺，溢於言表，作者向來沒有隱藏。作者已經告別人世，但至少留下足跡，他創作的故事與人物仍待我們消化，至於能經受考驗與否，就等待後世讀者的判斷。至少這本《完美的真空》精湛的虛構，值得我輩細心品味。

釀文學49　PG0647

 完美的番紅花
　　——昆布閱讀筆記

作　　者	昆　布
主　　編	蔡登山
責任編輯	鄭伊庭
圖文排版	陳宛鈴
封面設計	蔡瑋中

出版策劃	釀出版
製作發行	秀威資訊科技股份有限公司
	114 台北市內湖區瑞光路76巷65號1樓
	電話：+886-2-2796-3638　傳真：+886-2-2796-1377
	服務信箱：service@showwe.com.tw
	http://www.showwe.com.tw
郵政劃撥	19563868　戶名：秀威資訊科技股份有限公司
展售門市	國家書店【松江門市】
	104 台北市中山區松江路209號1樓
	電話：+886-2-2518-0207　傳真：+886-2-2518-0778
網路訂購	秀威網路書店：http://www.bodbooks.com.tw
	國家網路書店：http://www.govbooks.com.tw
法律顧問	毛國樑　律師
總 經 銷	聯合發行股份有限公司
	231新北市新店區寶橋路235巷6弄6號4F
	電話：+886-2-2917-8022　傳真：+886-2-2915-6275

出版日期	2012年1月　BOD一版
定　　價	320元

國家圖書館出版品預行編目

完美的番紅花：昆布閱讀筆記 / 昆布著. -- 一版. -- 臺北市：
釀出版, 2012.01
　　面；　公分. -- (語言文學類 ; PG0647)
　BOD版
　ISBN 978-986-6095-69-6(平裝)

　1. 閱讀　2. 文集

019.07　　　　　　　　　　　　　　　　　100024010

讀者回函卡

感謝您購買本書，為提升服務品質，請填妥以下資料，將讀者回函卡直接寄回或傳真本公司，收到您的寶貴意見後，我們會收藏記錄及檢討，謝謝！
如您需要了解本公司最新出版書目、購書優惠或企劃活動，歡迎您上網查詢或下載相關資料：http:// www.showwe.com.tw

您購買的書名：＿＿＿＿＿＿＿＿＿＿＿＿＿＿＿＿＿＿＿＿＿＿＿＿＿

出生日期：＿＿＿＿＿年＿＿＿＿＿月＿＿＿＿＿日

學歷：□高中 (含) 以下　　□大專　　□研究所 (含) 以上

職業：□製造業　□金融業　□資訊業　□軍警　□傳播業　□自由業
　　　□服務業　□公務員　□教職　　□學生　□家管　　□其它＿＿＿

購書地點：□網路書店　□實體書店　□書展　□郵購　□贈閱　□其他

您從何得知本書的消息？

　□網路書店　□實體書店　□網路搜尋　□電子報　□書訊　□雜誌

　□傳播媒體　□親友推薦　□網站推薦　□部落格　□其他＿＿＿＿＿

您對本書的評價：（請填代號　1.非常滿意　2.滿意　3.尚可　4.再改進）

　封面設計＿＿＿　版面編排＿＿＿　內容＿＿＿　文／譯筆＿＿＿　價格＿＿＿

讀完書後您覺得：

　□很有收穫　□有收穫　□收穫不多　□沒收穫

對我們的建議：＿＿＿＿＿＿＿＿＿＿＿＿＿＿＿＿＿＿＿＿＿＿＿＿

＿＿＿＿＿＿＿＿＿＿＿＿＿＿＿＿＿＿＿＿＿＿＿＿＿＿＿＿＿＿＿＿

＿＿＿＿＿＿＿＿＿＿＿＿＿＿＿＿＿＿＿＿＿＿＿＿＿＿＿＿＿＿＿＿

＿＿＿＿＿＿＿＿＿＿＿＿＿＿＿＿＿＿＿＿＿＿＿＿＿＿＿＿＿＿＿＿

11466
台北市內湖區瑞光路 76 巷 65 號 1 樓

秀威資訊科技股份有限公司　　　收

BOD 數位出版事業部

．．

（請沿線對折寄回，謝謝！）

姓　　名：＿＿＿＿＿＿＿＿＿＿　年齡：＿＿＿＿＿　性別：□女　□男

郵遞區號：□□□□□

地　　址：＿＿＿＿＿＿＿＿＿＿＿＿＿＿＿＿＿＿＿＿＿＿＿＿

聯絡電話：(日) ＿＿＿＿＿＿＿＿＿＿　(夜) ＿＿＿＿＿＿＿＿＿＿

E-mail：＿＿＿＿＿＿＿＿＿＿＿＿＿＿＿＿＿＿＿＿＿＿＿